中国政治思想研究丛书

政道溯源

张允起 著

商务印书馆
创于1897 The Commercial Press
2019年·北京

图书在版编目（CIP）数据

政道溯源 / 张允起著 . —北京：商务印书馆，2019
（中国政治思想研究丛书）
ISBN 978-7-100-17502-9

Ⅰ. ①政… Ⅱ. ①张… Ⅲ. ①政治思想史—研究—中国—古代 Ⅳ. ① D092.2

中国版本图书馆 CIP 数据核字（2019）第 094532 号

中国政治思想研究丛书
政道溯源
张允起 著

商 务 印 书 馆 出 版
（北京王府井大街 36 号 邮政编码 100710）
商 务 印 书 馆 发 行
北 京 冠 中 印 刷 厂 印 刷
ISBN 978 - 7 - 100 - 17502 - 9

2019 年 7 月第 1 版　　开本 880 × 1230　1/32
2019 年 7 月北京第 1 次印刷　　印张 8 5/8
定价：36.00 元

“中国政治思想研究丛书”总序

梁任公九十多年前在北京举办的演讲会上，提到研究中国政治思想史要采用新方法和新视角，期待对世界政治文明的演进有所贡献，但此后中国政治思想史的研究并不很兴盛。相对于其他学科领域，中国政治思想领域的优秀研究成果不多，能让大家记住的，也就是萧公权先生的《中国政治思想史》等少数几部著作。牟宗三先生到台湾后所写的《政道与治道》虽然有一定的影响，但是这部书有一个和同时代很多学者的著述相同的弊病，就是立足于西方的政治理论和伦理价值框架来谈中国，以中国古代有没有诸如自由民主等理念来做评判。其实这些概念的多数内涵，是近代欧洲和美国在特定历史情势下形成的，用它们来解释中国古代政治的缺失问题，当然偏差很大。至于以往的中国政治思想研究没有充分展开的原因，我认为可以从以下三个方面来分析。

第一，政治思想不仅是政治家和政治学者的言说，还牵涉政治权力施行的实际过程，内容很广泛，比如古代的社会礼仪和民俗、不成文的习惯法、宗教戒律的影响，等等，过去的政治思想史研究者对此很少有深入研究。

第二，政治思想的研究可以提炼出哲学成分，但哲学的理念不能等同于政治思想的全部，如果追溯西方政治学的发展，亚里士多德的城邦制度研究，就包含了很多今天人们意识里“政治思想”之外的内容。亚里士多德的著作里，伦理与政治问题分开讨论，后人就认为这两者可以割裂，研究政治思想也可以和研究伦理哲学或道德哲学一样，停留在概念辨析和规范讨论上。实际上，西方社会政治权力的历史发展相当复杂，仅从权力来源看，就产生过君权神授、契约论、演化论等不同学说，而这些学说都和欧洲自身历史发展相关，要了解它们的真正内涵，需要全面深入地研究当时社会生活的各个方面，不是单纯辨析几个理念就能做到的。

第三，基于以上两个方面的认识，中国学者该如何总结、整理、重建自身的政治哲学思考？我认为需要回溯华夏政治结构及秩序的起源，重新叙述“族群生活—伦理宗法—政治国家”这样一个链条，显然这和欧洲的传统是很不相同的。为什么很多学者习惯于直接拿欧洲的政治发展路径来套用解释中国呢？这是因为近代中国被西方列强侵略的历史影响了人们的认知，也就是方法论出了问题。目前，我们需要重新提出有解释力的框架，就要针对这些偏差提出一些问题，就此可以总结为以下八个方面：

其一，在中国历史起源语境下，如何理解政治权力的产生和发展？

其二，在中国古代政治中，权力的价值内涵及其规范性是如何表达的？

其三，在中国传统权力模型中，帝王与大臣、庶民的关系如何规范与调节？

其四，关于政治史、政治学的现代发展和现代性表达，在当代中国学术语境下如何实现？

其五，中国传统政治理想在近现代的追求和运用，实际上是知识分子与政治规范解释权转移的问题，出现了怎样的特殊变化？

其六，中西政治之间的不同，应该如何认知与解释，才不致脱离二者各自的本义太远？

其七，政治思想并非理念的简单投射，而是有历史经验的复杂性叠加缠绕，由此对福山的“历史终结论”做出批驳，该如何建立自身的新学说？

其八，政治与政治科学的关系，在当前中国该如何处理？罗尔斯把伦理价值再度引入政治讨论中，对韦伯以来政治理论研究的“价值中立”趋势是一个重要逆转，中国政治思想研究该如何回应这一命题？

以上这些问题，可能需要几代学者的努力协作和学术积累，方能做出较有说服力的回答。我们这套“中国政治思想研究丛书”，可以看作这方面努力的一个开端与尝试，希望能给有关研究者和读者带来“以中国立场和全球视野思考中国政治思想”的启发。

最后，我在这里再谈个人的一些体会。我们研究中国政治思想的根本目标是什么？是否仅是为了发掘自己祖先的某些政治思想，表彰他们的独特价值？这样的工作似乎有很多人在做，比如从事中国文化传播的行业，可能还比我们做得更好。我认为政治思想研究者不宜做这样简单的跟风宣传。从对当前中国社会有重要影响的几股思想潮流来看，社会主义以人的社会存在属性为其理论基础，曾经兴盛的自由主义以个人权利为基础，而保守主义则以文化中既存的价值倾向和制度习俗为基础，重视权力运用的历史文化背景，通过这种实践来探索建立一种理想性的规范，使它和传统文明的价值观联系起来，这一点和中国古代贤哲的思考是相近的，接近于中国学者熟悉的“为往圣继绝学，为万世开太平”。当前的世界并不太平，某些秉持单一理念的发达国家企图用武力将自己信奉的价值理念推广到全世界，在世界很多地区造成了人道悲剧，即使在其国内，也受到很多的质疑与批评。人类历史从文明草创到理性启蒙，再到现代性的发展，从西方近现代的历史中可以看到一连串的霸权兴起，东方则是一百多年来受到西方的压制，在强势话语冲击之下产生了思想变异，像日本就有了“脱亚入欧”和“大东亚共荣圈”的言说和实践。美国最初是一个松散孤立的邦联国家，后来联邦权力不断扩大，到今天已经是一个十分集权而具有扩张欲望的世界性强权体系。人类从个体到小的氏族群体，发展到庞大的政治共同体，再形成具有世界扩张能力的霸权体系，其间充满了矛盾冲突，成千上万的平民百姓在现代化战争中被无辜杀戮，让富有正义感的人们痛心疾首。我认为战争的根源是每个国家过分强调自身的利益和权力扩张，在争霸的过程中习惯了剥削弱小民族，甚至认为这种剥削理所当然。

现在的很多思想家已经意识到，发展程度较高的国家应该扩大视野，从人类整体的视角来思考如何解决目前的政治矛盾与战争冲突，而不是延续以往那种“国家利益至上”的霸权思维。中国政治思想的研究，如果对人类的合作与和平发展有所贡献，并引发大家对这些问题的深入思考，才能接近我们的根本目标。期待所有的有识之士，一起加入进来推动这项崇高的事业。

成中英

2018年12月于海淀西山庭院

后世学者，不幸不见天地之纯，古人之大体，道术将为天下裂。

——《庄子·天下》

当古老哲学重新说话的时候，就仿佛早已熟悉的一段词句，从意义隐晦之中重新显豁起来。一时含义大白，就仿佛人们现在用新的眼光才真正看懂了它。

——〔德〕卡尔·雅斯贝斯：《生存哲学》

目　录

导言　中国“政道”问题

虽然古代汉语中经常出现“政道得失”“政道陵夷”等表述，但究竟什么是政道，其内涵如何理解，对此却众说纷纭，莫衷一是。其中，牟宗三先生对“政道与治道”的论述见解独到，至今在学界常常被提及。他在《政道与治道》一书中反思中国传统政治文化，认为“政道即是关于政权的道理”。中国虽于“治道”有高度的自觉，但于“政道”却“始终无办法”。他阐述说：“政道是相应政权而言，治道是相应治权而言。中国在以前于治道，已进至最高的自觉境界，而政道则始终无办法。因此，遂有人说，中国在以往只有治道而无政道，亦如只有吏治，而无政治。吏治相应治道而言，政治相应政道而言。”[①] 这一论断关乎中国政治文明根基所在，言辞剀切，发人深省。

① 牟宗三：《政道与治道》，吉林出版集团有限责任公司2010年版，第3页。

学界虽然对《政道与治道》一书多有引用和探讨，但关于牟宗三先生反复强调"政道"内涵的意图却未必能够深入领会。牟先生如下阐释政道的内涵：

> 讲政治以第一义之制度为主，此则属于政道者。而第二义之制度则属于治权或治道，……而第一义之制度，则是骨干，根源，乃逆之而成，故不易被把握。……故其为制度是原则性之制度，非是法案性之制度也。今名之曰宪法，则宪法固不同于一般之法律也。……故第一义之制度乃原则上即为不变者，此即所谓"以至仁大义立千年之人极"也。[①]

可见，牟先生此处所说的"政道"作为"第一义之制度"或"原则性之制度"，就是今天我们通常所说的宪法。所谓"以至仁大义立千年之人极"是说这种"第一义之制度"乃是为万世开太平的不朽功业。宪法政治简言之即是宪政。"宪，法也；政，治也；宪政者法治也。"[②] 所谓"政道"亦可称之为"宪政之道"。宪法政治的功能在于从制度上防范专断权力的产生，也就是如何规范政治权力并赋予其正当性。今日治中国政治制度史者多会举出宰相

---

① 牟宗三：《政道与治道》，吉林出版集团有限责任公司2010年版，第21页。

② 萧公权：《宪政与民主》，联经出版事业公司1982年版，第31页。

制度、三省六部、门下封驳、谏官制度乃至法家拂士、谏鼓谤木、肺石匭函等华夏历史或传说中的良法美意，以说明中国古代皇帝制度并非独裁专制；列举文武之政、文景之治、贞观之治、康乾盛世，论证中国历史上辉煌的往昔。但是，我们也不能不深思古代王权世袭制度的固有缺陷：要么汤武革命，要么宫廷政变、封国叛乱、藩镇割据或陈胜吴广、太平天国式的农民起义；外戚专政，宦官弄权，垂帘听政，挟天子以令诸侯等等。这些政治现象在中国历史上不胜枚举。若非君主雄才大略，乾纲独断，难免大权旁落或异姓革命，即所谓历史循环，孟德斯鸠所谓“中国的专制主义”，今人所谓“东方专制主义”“王权主义”“中国历史之超稳定结构”是也！① 难道真如牟宗三先生所言，中国没有所谓“政道”——政权和平有序交替和运作之道？

不过，相对于“王权主义”等简单划一的叙述模式，福山在讨论“东方专制主义”时却坦诚地表示出如下困

① “中国的专制主义，在祸患无穷的压力之下，虽然曾经愿意给自己带上锁链，但都徒劳无益；它用自己的锁链武装了自己，而变得更为凶猛。”“中国是一个专制的国家，它的原则是恐怖。”（见〔法〕孟德斯鸠：《论法的精神》上册，张雁深译，商务印书馆1961年版，第129页。）另可参见〔美〕卡尔·A. 魏特夫：《东方专制主义——对于极权力量的比较研究》，徐式谷、奚瑞森、邹如山等译，中国社会科学出版社1989年版；金观涛、刘青峰：《兴盛与危机——论中国封建社会的超稳定结构》，湖南人民出版社1984年版；刘泽华：《中国的王权主义——传统社会与思想特点考察》，上海人民出版社2000年版。

惑："尽管存在着周期性的皇权专制，中国统治者为何没有尽量行使理论上所享有的权力？虽然没有法律，他们的权力仍有实实在在的制衡；中国历史上有很长时期，皇帝主持稳定和守序的政体，没有肆意侵犯百姓的日常权益。还有很多时期，皇帝确实很弱，无法在刁蛮社会中强制执行规则。在传统中国，究竟什么在设置国家权力的真正极限？"[①]与孟德斯鸠同时代的法国重农学派代表人物魁奈在其《中华帝国的专制制度》一书中不仅从"基本法"或"自然法"层面论述中国人的天地观念、祭祀礼仪以及"四书五经"等经典文献，还从"实在法"层面论说"皇帝的绝对权力受到制约"，对帝国的审议核查制度与劝谏皇帝的风气大为赞赏，并认为"中国君主的专制主义或专制权力，被我们的政论作者过于夸大了，或者说至少他们是带着相当反感的情绪来考虑这个问题。特别是孟德斯鸠先生曾经大胆地提出许多推测，这些推测常常被他如此巧妙地加以利用，使得它们成为反对这种统治的如此之多的似是而非的诡辩"[②]。另外，尽管韦伯在其近一个世纪之前出版的《儒教与道教》中所阐述的个别结论有待商榷，但其中的一些见解却也流露出旁观者的洞见。比如

① 〔美〕弗朗西斯·福山：《政治秩序的起源：从前人类时代到法国大革命》，毛俊杰译，广西师范大学出版社2012年版，第286—287页。

② 〔法〕魁奈：《中华帝国的专制制度》，谈敏译，商务印书馆2018年版，第105页。

他对作为独裁制与宦官政治之敌的儒家立宪主义精神的认识[①]，即使今天也不会为那些深受“文革”愚弄并时刻警惕“王权主义”粉墨登场的大陆学者所接受，反而在狄百瑞教授对中国自由传统与宪政主义的研究中得以继承和发扬。[②]与此相应，成中英先生近年对中国传统政治文化中的宪政精神也有新的阐发。[③]本书将在前辈学人研究启发下，从反对专断权力、责任政府观念、司法权的职能、洪范皇极的深层意义与中国法治的本土资源以及天道、地道、人道、政道之内在关系等方面深入挖掘古代中国的政道精神，尝试从比较政治思想或政治哲学乃至人类学层面省思“政治”的概念及其本质。

---

① 〔德〕马克斯·韦伯：《儒教与道教》，王容芬译，商务印书馆1995年版，第189、192页。

② 〔美〕狄百瑞：《中国的宪政主义与公民社会》，《亚洲价值与人权》，社会科学文献出版社2012年版。

③ 成中英：《儒家潜涵的宪法与宪政思想》《儒家宪政与理性形式的现代化》，《成中英文集》（第四卷），中国人民大学出版社2017年版。

第一章 《尚书》中的法治精神*

《尚书》和先秦诸子及后世相关文献中蕴含着不同于君主专制的另一种古老的政治传统，它与西方以戴雪为代表的反对政府专断权力、法律面前的平等、重视人权与分权以及司法权的独立与审慎等法治传统存在契合之处，构成中国的政道之本。本章内容涉及《尚书》中的规则意识、君臣君民关系与责任政府观念、皋陶与司法权问题，以及法治中国的本土资源和立宪传统。

---

* 本文曾以《〈尚书〉与中国政治文化中的法治精神》为题，发表于国际《尚书》学会第三届学术研讨会（扬州大学《尚书》研究中心、曲阜师范大学孔子文化研究院、台湾“中研院”合办，2014年4月25日至28日·曲阜），2018年2月修订。

一、“有典有则”:《尚书》中的规则意识

对于《尚书》这部经典著作，仁者见仁，智者见智，专制者可以从中发现专制的理论，立宪主义者也可以从中发现隐含的法治精神。“诗”无达诂，“书”或亦然。对《尚书》精神内涵的诠释有赖于诠释者自身的认知程度及其视域。刘师培在《中国民约精义》（1904）中曾经感叹：“观孔子删《书》，以尧、舜二《典》居首，与《春秋》以隐公居首若出一辙，所以贵人君之让国而无私一国、私天下之心也。人君不以天下、一国自私，故为国家之客体。后世以降，人民称朝廷为国家，以君为国家之主体、以民为国家之客体，扬民贼之波、煽独夫之焰，而暴君之祸遂以大成，君民共主之世遂一变而为君权专制之世矣。夫岂《尚书》之旨哉！”[①] 民国学者熊理在其《尚书的政治学说》中认为《尚书》“看得德治大重，看得法治大轻”，他虽然在著作中指出德治的弊端，篇末却认为“中国要行共和政体”，“自当注重道德。要注重道德，舍《尚书》这部书言德治的政治学外，没有别种”。[②] 这种将德治与法治视作非此即彼的关系，可能是现代人的通病。又如钱穆先生谈人治与法治自认“异于时贤之所谓法治”，以“人尽其

---

① 刘师培：《中国民约精义》，岳麓书社2013年版，第4页。
② 熊理：《尚书的政治学说》，山西人民出版社2015年版，第76、78页。

才”为“法治之大本要宗”，虽可谓“贤者识其大”，但法治本身独立含义已经模糊。[①]笔者迄今所见对《尚书》中的法治精神进行正面系统论述的是成涤轩先生的《尚书与古代政治》。该书共八章，其中第六章“崇法治”共14页篇幅，分别从“行政法典”“官刑”“刑法”“军法”四个方面展开论述，最后总结说：“我们从上面的叙述看来，除了行政法典尚欠完整，官刑内容稍嫌空泛外，余如刑法的规定备极周详，军法的执行异常严格，足征中国古代的政治，虽以人治为中心，但亦未尝师心自用，舍法以从人，因人而废法。”[②]法治的首要目的在于反对专断的权力，要做到这一点，避免权力滥用，有规则的权力运作便是必然的前提。

《尚书》中对专断权力的警示不一而足，其中，对规则的强调尤其值得重视，从中不难发现中国政道的原始形态。“儆戒无虞，罔失法度，罔游于逸，罔淫于乐。任贤勿贰，去邪勿疑。疑谋勿成，百志惟熙。罔违道以干百姓之誉，罔咈百姓以从己之欲。”（《大禹谟》）这里可以看到对“法度”的高度重视以及对违背百姓的“己之欲”的防范。除此之外，还有对祖宗留下的“典”“则”与“旧章”的强调：“明明我祖，万邦之君。有典有则，贻厥子孙。”（《五子之歌》）“率自中，无作聪明乱旧章；详乃视听，罔

① 钱穆：《人治与法治》《法治新诠》，《政学私言》，九州出版社2010年版。

② 成涤轩编著：《尚书与古代政治》，正中书局1946年版，第73页。

以侧言改厥度。”（《蔡仲之命》）“凡我造邦，无从匪彝，无即慆淫，各守尔典，以承天休。”（《汤诰》）更有对“成宪”“天戒”“常宪”的持守：“监于先王成宪，其永无愆。”（《说命下》）“先王克谨天戒，臣人克有常宪，百官修辅，厥后惟明明。”（《胤征》）以上这些规训无一不是对规则之治的确认，昭示着对专断意志的否定。《皋陶谟》中有关天工、天叙、天秩、天命、天讨与典礼政刑之间关系的认识颇堪玩味：

> 天工，人其代之。天叙有典，敕我五典五惇哉！天秩有礼，自我五礼有庸哉！同寅协恭和衷哉！天命有德，五服五章哉！天讨有罪，五刑五用哉！政事懋哉！懋哉！天聪明，自我民聪明。天明畏，自我民明威。达于上下，敬哉有土。

从“天道”（天工）到“人道”（人其代之），再到“政道”（政事），政治本身的德行与功能表达得淋漓尽致，不仅可与荀子“制天命而用之”的思想相互阐发，也揭示出作为“人工”的典、礼、政、刑的正当性基础。

《尚书》中有对世袭权贵的严肃告诫：“世禄之家，鲜克由礼。以荡陵德，实悖天道。敝化奢丽，万世同流。兹殷庶士，席宠惟旧，怙侈灭义，服美于人。骄淫矜侉，将由恶终。”（《毕命》）有对所谓“三风十愆”的警戒之言且措辞异常严厉："惟兹三风十愆，卿士有一于身，家必丧；邦君有一于身，国必亡。"（《伊训》）与此相反，也有受命于天，如履薄冰，谨慎成熟的政治家形象："天降丧于殷，殷既坠厥命。我有周既受，我不敢知曰厥基永孚于休。若天棐忱，我亦不敢知曰其终出于不祥。呜呼！君已曰时我。我亦不敢宁于上帝命，弗永远念天威。越我民罔尤违，惟人！"（《君奭》）

在君主个人决断方面，从"询于四岳，辟四门，明四目，达思聪"（《舜典》）、"无稽之言勿听，弗询之谋勿庸"（《大禹谟》）、"询谋佥同"（《大禹谟》）、"汝则有大疑，谋及乃心，谋及卿士，谋及庶人，谋及卜筮"（《洪范·稽疑》）等文字看，《尚书》中合格君主的条件与"独制于天下而无所制"那种刚愎自用的专制独裁者水火不容。

二、君臣、君民关系与责任政府观念

从《尚书》中的君臣、君民关系可以发现现代责任政府观念的原初形态。先看君臣关系："元首明哉，股肱良哉，庶事康哉！""元首丛脞哉，股肱惰哉，万事堕哉！"（《皋陶谟》）君主与臣下作为一个政治有机体乃是不可分割的命运共同体关系：明主良臣，万事可兴；暗君惰臣，一事无成。君主要善于纳谏，如有过失，臣下有当面谏言辅弼的职责，而不可口是心非，面从腹诽："予违，汝弼，汝无面从，退有后言。"（《益稷》）相互规劝监督，如果应当谏诤却敷衍塞责，要受惩罚："官师相规，工执艺事以谏。其或不恭，邦有常刑。"（《胤征》）君主不可巧言善辩而破坏原有的政治规范，臣下不可因受宠得利而居功自恃，不思进取："君罔以辩言乱旧政，臣罔以宠利居成功。"（《太甲下》）君臣唇齿相依："惟后非贤不乂，惟贤非后不食。"（《说命下》）臣下需要尽到自己辅弼匡正君主的职责，君主应该善于纳谏，从善如流：

> 朝夕纳诲，以辅台德。若金，用汝作砺；若济巨川，用汝作舟楫；若岁大旱，用汝作霖雨。启乃心，沃朕心。若药弗瞑眩，厥疾弗瘳；若跣弗视地，厥足用伤。惟暨乃僚，罔不同心，以匡乃辟。俾率先王，迪我高后，以康兆民。……惟木从绳则正，后从谏则圣。（《说命上》）

君主告诫臣下正身修己，遵守"旧典时式"："今命尔予翼，作股肱心膂，缵乃旧服，无忝祖考。弘敷五典，式和民则。尔身克正，罔敢弗正。民心罔中，惟尔之中……尔惟敬明乃训，用奉若于先王，对扬文武之光命，追配于前人。王若曰：君牙，乃惟由先正旧典时式，民之治乱在兹。率乃祖考之攸行，昭乃辟之有乂。"（《君牙》）与此相应，臣下不可巧言令色，阿谀奉迎，滥竽充数，破坏“先王之典”：“无以巧言令色，便辟侧媚。其惟吉士，仆臣正，厥后克正；仆臣谀，厥后自圣。后德惟臣，不德惟臣。尔无昵于憸人，充耳目之官，迪上以非先王之典。”只有这样，才能“永弼乃后于彝宪”(《冏命》)，从而做到“惟治乱在庶官，官不及私昵。惟其能，爵罔及恶德，惟其贤”(《说命中》)。君臣关系乃天地关系，这种认识一直流传于后世，正是所谓“姤之义至大也”：“天地不相遇，则万物不生；君臣不相遇，则政治不兴；圣贤不相遇，则道德不亨；事物不相遇，则功用不成。姤之时与义，皆甚大也。”①

我们或许可以从下面的文字发掘出现代行政法基本原则的一些原型：法治行政、反对行政不作为、忠于职守、反对贪污，甚至发现现代行政法上“禁反言原则”(estoppel)的端倪——“令出惟行，弗惟反”：

> 凡我有官君子，钦乃攸司，慎乃出令。令出惟行，弗惟反。以公灭私，民其允怀。学古入官，议事以制，政乃不迷。其尔典常作之师，无以利口乱厥官。蓄疑败谋，怠忽荒政。不学墙面，莅事惟烦。戒尔卿士，功崇惟志，业广惟勤。惟克果断，乃罔后艰。位不期骄，禄不期侈。恭俭惟德，无载尔伪。作德，心逸日

① ［宋］程颐：《周易程氏传》，王孝鱼点校，中华书局2011年版，第251页。

休；作伪，心劳日拙。居宠思危，罔不惟畏，弗畏入畏。推贤让能，庶官乃和，不和政庬。举能其官，惟尔之能；称匪其人，惟尔不任。（《周官》）

作为君主，应当自我检视，时刻警醒，对天与民，承担最终责任：“罪当朕躬，弗敢自赦，惟简在上帝之心。其尔万方有罪，在予一人；予一人有罪，无以尔万方。”“天视自我民视，天听自我民听。百姓有过，在予一人。”（《泰誓中》）

我们再从君民关系看《尚书》中的责任政府观念及其保民思想。君主不应随便干预民事，应当谨慎行事，懂得君民相依之理及谁是自己的衣食父母：“可爱非君？可畏非民？众非元后，何戴？后非众，罔与守邦？钦哉！慎乃有位，敬修其可愿，四海困穷，天禄永终。”（《大禹谟》）不可轻慢民事，知晓“民为邦本”的道理，正确对待反对和顺从的言论：“皇祖有训：民可近，不可下。民惟邦本，本固邦宁。”（《五子之歌》）“无轻民事，惟难；无安厥位，惟危。慎终于始，有言逆于汝心，必求诸道；有言逊于汝志，必求诸非道。”（《太甲下》）“无自广以狭人，匹夫匹妇，不获自尽，民主罔与成厥功。”（《咸有一德》）

天地乃万物父母，人乃万物之灵，君主的天职是代天保佑其民：“王司敬民，罔非天胤，典祀无丰于昵。”（《高宗肜日》）“惟天地万物父母，惟人万物之灵。亶聪明作元后，元后作民父母。……天佑下民，作之君，作之师，惟其克相上帝，宠绥四方。……天矜于民，民之所欲，天必从之。”（《泰誓上》）其他如“惟天惠民，惟辟奉天。……虽有周亲，不如仁人。天视自我民视，天听自我民听”（《泰誓中》），“抚我则后，虐我则雠”（《泰誓下》），这些都是为政者恪尽职守，自我警戒，“用康保民”（《康诰》）思想的体现。

三、皋陶与《尚书》中的司法权问题

麦基文在分析英国宪政传统时指出：“布拉克顿宪政主义的一个本质的特征是，他明确地区分了治理权（*gubernaculum*）和审判权（*jurisdiction*），从而，国王独裁的不负责任的权力只能存于治理权范围内，永远不能超越它。这也是中世纪宪法的一个重要特征。”[①] 因此，发掘中国古代宪政资源，不能不探讨司法权问题。

有研究表明：“作为中央最高司法机关的司寇，据金文记载，始设于西周。……司寇上限，一直可以断在周初武王时期。”[②]《尚书》中“司寇”一词分别出现在《洪范》

① 〔美〕C. H. 麦基文：《宪政古今》，翟小波译，贵州人民出版社2004年版，第64—65页。

② 胡留元、冯卓慧：《夏商西周法制史》，商务印书馆2009年版，第542—543页。

（今文）、《立政》（今文）、《周官》（古文）中，可见不管是今文尚书还是古文尚书都显示司法权的存在及其重要职能。《尚书》中对司法权的记述出现在《舜典》（今文）、《大禹谟》（古文）、《皋陶谟》（今文）、《吕刑》（今文）等文本中。《舜典》记载：

> 象以典刑，流宥五刑，鞭作官刑，扑作教刑，金作赎刑。眚灾肆赦，怙终贼刑。钦哉，钦哉！惟刑之恤哉！流共工于幽州，放驩兜于崇山，窜三苗于三危，殛鲧于羽山，四罪而天下咸服。
>
> 帝曰：皋陶，蛮夷猾夏，寇贼奸宄，汝作士，五刑有服，五服三就，五流有宅，五宅三居，惟明克允。

对于“流共工于幽州……”，成涤轩先生认为：“这适足表现古代‘法律之前，人人平等’的精神，而所谓‘刑不上大夫’，只是后来慢慢演成的事实。”[①]从上文可以知道，作为主持司法正义的“士”，皋陶肩负重大责任，他不负众望，履行了作为“士”的职能。《大禹谟》如下的文字即使有后世想象的成分，也足以显示古人对司法权及其作

---

① 成涤轩编著：《尚书与古代政治》，正中书局1946年版，第61页。成涤轩先生还探讨了身负“士师”之责的人需具备的几个条件：仁、敬、慎、明、严、公。

用的高度尊重、期待与评价：

> 禹曰：朕德罔克，民不依。皋陶迈种德，德乃降，黎民怀之。帝念哉！……
>
> 帝曰：皋陶！惟兹臣庶，罔或干予正。汝作士，明于五刑，以弼五教，期于予治。刑期于无刑，民协于中。时乃功，懋哉！
>
> 皋陶曰：帝德罔愆，临下以简，御众以宽。罚弗及嗣，赏延于世。宥过无大，刑故无小。罪疑惟轻，功疑惟重。与其杀不辜，宁失不经。好生之德，洽于民心，兹用不犯于有司。

从舜、皋陶与禹之间对话的语气来看，作为司法守护者的"士"，皋陶在舜、禹心目中有相当的威望。皋陶的这种威望大概与其主掌司法职权不无关系。《皋陶谟》中对"知人安民"以及"九德"的倡导，显然属于为政之德的范畴。《益稷》中记述的皋陶的告诫表明了政治权力必须遵循戒律：

> 念哉！率作兴事，慎乃宪，钦哉！屡省乃成，钦哉！
> 元首明哉，股肱良哉，庶事康哉！
> 元首丛脞哉，股肱惰哉，万事堕哉！

皋陶的威望除了来自他个人的“惟明克允”，作为政道守护者的政治职能似乎更应该得到重视。政治上的德行与司法权代表的正义是政治权力正当性的保障，皋陶对为政者的告诫之辞透露出中国古代权力制衡理论的古典形态。《吕刑》对“刑”与“典狱”的功能、目的及其应有的审慎有更深刻的揭示：

伯夷降典，折民惟刑；禹平水土，主名山川；稷降播种，农殖嘉谷。三后成功，惟殷于民。士制百姓于刑之中，以教祗德。穆穆在上，明明在下，灼于四方，罔不惟德之勤，故乃明于刑之中，率乂于民棐彝。典狱，非讫于威，惟讫于富。敬忌，罔有择言在身，惟克天德，自作元命，配享在下。王曰：嗟！四方司政典狱，非尔惟作天牧，今尔何监？非时伯夷播刑之迪，其今尔何惩？惟时苗民匪察于狱之丽，罔择吉人，观于五刑之中，惟时庶威夺货，断制五刑，以乱无辜。上帝不蠲，降咎于苗，苗民无辞于罚，乃绝厥世。

“司政典狱”之责在于履行天职，谨慎从事，明德于刑：“帝德罔愆，临下以简，御众以宽；罚弗及嗣，赏延于世。宥过无大，刑故无小；罪疑惟轻，功疑惟重；与其杀不辜，宁失不经；好生之德，洽于民心，兹用不犯于有司。”（《大禹谟》）这种防止滥施刑罚的谨慎态度，其精神正是所谓“不教而杀谓之虐，不戒视成谓之暴”（《论语·尧曰》）。只有如此，才能使“好生之德，洽于民心”。

严复在其译述的《孟德斯鸠法意》中把“司法权”译为“刑法之权”，并在按语中大发感慨：“刑狱者中西至不可同之一事也。犹忆不佞初游欧时，尝入法廷，观其听狱，归邸数日，如有所失。尝语湘阴郭先生，谓英国与诸欧之所以富强，公理日伸，其端在此一事。先生深以为然，见谓卓识。夫中国刑狱之平，至于虞廷之皋陶极矣，然皆以贵治贱。以贵治贱，故仁可以为民父母，而暴亦可为豺狼。若夫公听平观，其被刑也，如其法而止，民终不可以是为天直，以责其上，使虽欲不如是而不能也。是故天下虽极治，其刑罚终不能以必中，而侥幸之人，或可与法相遁。此上下之所以交失，而民德之所以终古不蒸也。夫民德之不蒸，虽有尧舜为之君，其治亦苟且而已。何则？一治之余，犹可以乱也。”[①] 从“流共工于幽州，放驩兜于崇山，窜三苗于三危，殛鲧于羽山，四罪而天下咸服”这段文字来看，严复将以皋陶为代表的古代司法视为“以贵治贱”的典型未免苛刻，但他无疑传达了这样的信念：“如果审判权是自由的核心，且审判权属于法律事务，那么就必须维护法律，反对专断意志。最能捍卫法律的机构，从前是而

① 孟德斯鸠：《孟德斯鸠法意》第十一卷，严复译，商务印书馆1981年版，第8—9页。

且仍然是，一个诚实、能干、博学和独立的法院。”[①]皋陶作为中国古代司法权的象征，其秉公执法过程中所体现的“惟明克允”“慎乃宪”“刑期于无刑”之“好生之德”有待今人重新体认。

四、“法家正统”说与法治的本土资源

法治（Rule of Law）一词通常与19世纪英国学者戴雪对英国宪政的描述有关。他在《英宪精义》（1885）中，赋予法治三方面含义：首先，“法律排斥行使专断权力的思想，英国人只能因为违法而不能因其他而受到惩罚。特权或无限的官僚权力进行任意处罚是与通常的法治相背离的”；其次，“法治意味着法律面前人人平等，意味着官吏与臣民受到普通法院执行的普通法律的同等制约。它排斥政府行为享有的特殊豁免权或对涉嫌政府官吏的案件加以特殊对待”；最后，“在英国，法治反映了这种思想：宪法不是公民权利的渊源，而是一般法律所提供的救济措施赐予个人以利益和自由的结果”。[②]反对专断的权力、法律面前的平等以及司法权的独立，其对立面便

① 〔美〕C. H. 麦基文：《宪政古今》，翟小波译，贵州人民出版社2004年版，第118页。

② 《布莱克维尔政治学百科全书》（修订版），中国政法大学出版社2002年版，第727页。

是专断独裁、等级制度与司法权的缺位。宪政史家麦基文曾指出宪政的两个根本要素："法律和意志的平衡现在依然是政治实践的核心问题。所有爱好自由的人，迄今为止奋斗不息的宪政，有两个相关的根本要素，它们是对专断权力的法律限制和政府对被治者全面的政治责任。"[①]反对专断权力、法律面前的平等和司法权独立是法治的核心内容。

《管子·七法》曰："尺寸也，绳墨也，规矩也，衡石也，斗斛也，角量也，谓之法。"《孟子·告子下》云："入则无法家拂士，出则无敌国外患者，国恒亡。"朱子注曰："法家，法度之世臣也。拂士，辅弼之贤士也。"此处孟子所言"法家"与司马谈《论六家要旨》所谓"法家严而少恩"的论断，其宗旨明显不同。胡适认为"古代本没有什么'法家'"。他大概想说先秦时期孟子所言"法家"与后世所谓法家有异。胡适断言"《韩非子》十分之中，仅有一二分可靠，其余都是加入的"，就是说《韩非子》一书可能包含不同的思想取向。胡适认为中国古时有两个法字："佱"与"灋"。前者是"模范之法"，后者是"刑罚之法"，且前者"更古"。他征引《尹文子》"不变之法""齐俗之法""治众之法""平准之法"的分类，认为"平准之法""乃佱字本义，无论儒家、墨家、道家，都早

① 〔美〕C. H. 麦基文：《宪政古今》，翟小波译，贵州人民出版社2004年版，第122页。

承认这种标准的法"[1]。胡适认为中国的"法理学"虽然公元前3世纪才发达，而其"根本观念来源很早"，并列举"无为主义""正名主义""平等主义""客观主义""责效主义"五大特征。[2]胡适的这一见解比起梁启超"古代所谓法，殆与刑罚同一意义，法本字作灋"[3]的说法更胜一筹。

熊十力先生有"法家正统"说，认为法家正统原本《春秋》。"《淮南》所存法家正统派'法原于众'一语，实含无量义，可谓深得《春秋》之旨。《春秋》贬天子、退诸侯、讨大夫，决不许居上位窃大柄者以私意制法而强民众以必从。其尊重人民之自由而依其互相和同协助之公共意力以制法而公守之，此《春秋》本旨，而晚周法家有得乎此，故曰'法原于众'也。"[4]熊先生的"法家正统"说启发我们有必要反思通常对法家"机械主义""物治主义""物化的治道"等的论断，发掘"法家"不同流派内部及后世典籍中反对专断权力，强调"规矩""法度"以及主张法律面前的平等乃至权利（名分）的思想。

《韩非子·有度》曰："法不阿贵，绳不挠曲。法之所加，智者弗能辞，勇者弗敢争。刑过不避大臣，赏善不遗

① 参见胡适：《中国哲学史大纲》，商务印书馆2011年版，第291—297页。
② 参见上书，第300—306页。
③ 梁启超：《先秦政治思想史》，商务印书馆2014年版，第57页。
④ 熊十力：《韩非子评论 与友人论张江陵》，上海书店出版社2007年版，第8页。

匹夫。”[①] 这里的“法度之制”要求“去私曲就公法”，即使君主也不可欺诈群臣：“故当今之时，能去私曲就公法者，民安而国治；能去私行行公法者，则兵强而敌弱。故审得失有法度之制者加以群臣之上，则主不可欺以诈伪；审得失有权衡之称者以听远事，则主不可欺以天下之轻重。”[②] “法术”“规矩”“法制”乃是防止君主臆断妄为、喜怒无常的法宝：“释法术而任心治，尧不能正一国；去规矩而妄意度，奚仲不能成一轮；废尺寸而差短长，王尔不能半中。使中主守法术，拙匠执规矩尺寸，则万不失矣。”“释法制而妄怒，虽杀戮而奸人不恐。罪生甲，祸归乙，伏怨乃结。故至治之国，有赏罚而无喜怒。故圣人极有刑法，而死无螫毒，故奸人服。发矢中的，赏罚当符，故尧复生，羿复立。如此则上无殷夏之患，下无比干之祸，君高枕而臣乐业，道蔽天地，德极万世矣。”[③]《韩非子》一书固然不乏权谋术数、刻薄寡恩之“物化的治道”，但其中也可以发现所谓“令尊于君”这种“法家正统”的法治精神。

重视“规矩”的“模范之法”观念在《管子·法法》中有清楚表达：“规矩者，方圜之正也。虽有巧目利手，不如拙规矩之正方圜也。故巧者能生规矩，不能废规矩而正

① ［清］王先慎：《韩非子集解》，中华书局1998年版，第38页。
② 同上书，第32—33页。
③ 同上书，第205、207页。

方圜；虽圣人能生法，不能废法而治国。故虽有明智高行，倍法而治，是废规矩而正方圜。”[①]《管子·任法》更认为“君臣上下贵贱皆从法，此谓为大治”。这种君臣（民）上下皆从法的“大治”境界与两千年后戴雪所谓法院的老规矩（old law）不谋而合：“这种法律是最贵国宝，为君主所有；全国人民以至君主本身都须要受治于法。倘使法律不能为政，以至全国无法律；必至全国无君主，复无任何遗产之可言。”[②]

《淮南子·主术训》中如下论述“法”作为“天下之度量而人主之准绳”的基本功能与法之渊源，以及无法而亡国的理由：

> 法者，天下之度量而人主之准绳也。县法者，法不法也；设赏者，赏当赏也。法定之后，中程者赏，缺绳者诛，尊贵者不轻其罚，而卑贱者不重其刑，犯法者虽贤必诛，中度者虽不肖必无罪，是故公道通而私道塞矣。古之置有司也，所以禁民，使不得自恣也；其立君也，所以剬（制）有司，使无专行也；法籍礼仪者，所以禁君，使无擅断也。人莫得自恣则道胜；道胜而理达矣，故反于无为。无为者，非谓其凝

① ［清］黎翔凤：《管子校注》（上），中华书局2004年版，第308页。
② ［英］戴雪：《英宪精义》，雷宾南译，中国法制出版社2001年版，第228页。

滞而不动也，以其言莫从己出也。……法生于义，义生于众适，众适合于人心，此治之要也。故通于本者，不乱于末，睹于要者，不惑于详。法者，非天堕，非地生，发于人间，而反以自正。是故有诸己不非诸人，无诸己不求诸人；所立于下者，不废于上，所禁于民者，不行于身。所谓亡国，非无君也，无法也。变法者，非无法也，有法者而不用，与无法等。是故人主之立法，先自为检式仪表，故令行于天下。孔子曰："其身正，不令而行。其身不正，虽令不从。"故禁胜于身，则令行于民矣。①

"法籍礼仪者，所以禁君，使无擅断也。"这里明显带有反对君主专断意志的味道。而所谓"尊贵者不轻其罚，而卑贱者不重其刑，犯法者虽贤必诛"以及"所立于下者，不废于上；所禁于民者，不行于身"等表述也体现出法律面前的平等。法能正己而后才能正人，君主或政府不能"自正"与自我检视，只是将法律作为惩罚民众的工具，则不可能令行天下。《慎子·君人》对这种师心自用，"舍法而以心裁"的做法有近似的批评："君人者，舍法而以身治，则诛赏予夺从君心出矣。然则受赏者虽当，望多无穷；受罚者虽当，望轻无已。君舍法而以心裁

① 何宁:《淮南子集释》(中)，中华书局1998年版，第659—663页。

轻重，则同功殊赏、同罪殊罚矣。怨之所由生也。……故曰：大君任法而弗躬，则事断于法矣。”[①] 金受申先生论断，慎子“对于法，取独立态度，无论何人，不能侵权，和现在司法独立，正是相同”[②]。黄宗羲之所以主张“三代以上有法，三代以下无法”，是因为三代以上之法“未尝为一己而立也”，而后世“所谓法者，一家之法，而非天下之法也”[③]。

从上述引证的古典文献中不难发现，古代中国确实存在大量反对专断权力的本土思想资源，作为一种政治哲学，不是用所谓“王权主义”可以粗暴地加以否定的。因不满意于现实中存在的政府专断行为，便轻视或无视古人对权威与权力关系已有的真知灼见，认为权威来源于权力，而不能体悟权力的渊源及其正当性，不过是专制主义中毒过深的表现，重复“皮之不存毛将焉附”之陈词滥调，是将“政治”视为权力游戏的政治市侩主义的政治观，此处已没有政治哲学的容身之地。

西学东渐以后，学界通常认为中国古代缺乏权利（right）思想，而关于西文“right”的内涵却少人深入思考和探究。其实“right”一词最初译为日文汉字有多种组合：“权理”“权理通义”“权义”“权利”“分际”“分

① 许富宏：《慎子集校集注》，中华书局2013年版，第53—54页。
② 金受申：《稷下派之研究》，台湾商务印书馆1971年版，第18页。
③ ［明］黄宗羲：《明夷待访录·原法》，中华书局2011年版，第21页。

限”等等。[①]汉语世界1864年出版的《万国公法》用“权利”翻译“rights”或“privilege”。据说郑观应1875年最早用“权利”指称“rights”。此后薛福成、黄遵宪等虽然使用“权利”指称国家或个人的利益或自主性，但“rights”与“权利”两者是否构成完美的对应关系，当时学界仍存异议。1902年严复认为将“rights”译为“权利”是“以霸译王”，主张译为“直”：“唯独rights一字……即苦此字无译，强译‘权利’二字，是以霸译王，于理想为害不细。……乃信前译之不误，而以‘直’字翻rights尤为铁案不可动也。”[②]严译名著《群己权界论》中就有这样的文句：“权利人而有之，或国律之所明指，或众情之所公推，所谓应享之民直（Right）是已。”[③]张佛泉先生认为“赖它”（right）一字“应用于道德或政治，同样有‘直’或‘尺度’之义。因right就是‘理应’的意思。human rights即是‘人之应有者’。严复曾译political right为‘民直’，实甚有所本”。[④]所谓“人之应有者”或许也可称之为“人之本分”。康有为在《日本书目志》（1898）中认为“所谓宪法权利，即《春秋》所

---

① 石田雄：『日本近代思想史における法と政治』，岩波書店，1976年，94—97頁。

② 金观涛、刘青峰：《观念史研究》，法律出版社2009年版，第523页。

③ 严复：《严复全集》（卷三），福建教育出版社2014年版，第319页。

④ 张佛泉：《自由与人权》，台湾商务印书馆1993年版，第75页。

谓名分也”[①]。1903 年 3 月《直说》第二期所载《权利篇》论“权利之实质”，摒弃所谓“利益”“威力”之说，认定“权利之实质，即人之本分也”。并认为“全己之本性，与不损害于人，二者即本分。本分即权利之实质，权利因本分而生。……人因干与国政之本分，即有参政权；人因不受他人制缚之本分，即有自由权。种种权利，皆以本分为本”[②]。如果我们同意以“本分”诠释“rights”更为妥当，则古代中国典籍中关于“名分”“本分”之论述俯拾即是，所谓中国古代无权利（本分）思想之说便是无稽之谈。

> 人何以能群？曰：分。分何以能行？曰：义。故义以分则和，和则一，一则多力，多力则强，强则胜物，故宫室可得而居也。故序四时，裁万物，兼利天下，无它故焉，得之分义也。故人生不能无群，群而无分则争，争则乱，乱则离，离则弱，弱则不能胜物；故宫室不可得而居也，不可少顷舍礼义之谓也。（《荀子·王制》）[③]
>
> 一兔走，百人逐之，非以兔也。夫卖者满市而盗

① 康有为：《康有为全集》（第三集），中国人民大学出版社2007年版，第357页。

② 张枬、王忍之编：《辛亥革命前十年间时论选集》（第一卷上册），生活·读书·新知三联书店1960年版，第484页。

③ ［清］王先谦：《荀子集解》（上），中华书局1988年版，164—165页。

不敢取，由名分已定也。故名分未定，尧、舜、禹、汤且皆如务焉而逐之；名分已定，贫盗不取。(《商君书·定分》)[1]

名定则物不竞，分明则私不行。物不竞，非无心，由名定，故无所措其心。私不行，非无欲，由分明，故无所措其欲。然则心欲，人人有之，而得同于无心无欲者，制之有道也。……彭蒙曰：雉兔在野，众人逐之，分未定也。鸡豕满市，莫有志者，分定故也。物奢则仁智相屈，分定则贪鄙不争。……道行于世，则贫贱者不怨，富贵者不骄，愚弱者不慑，智勇者不陵，定于分也。(《尹文子·大道上》)[2]

法之所加各以其分，蒙其赏罚而无望于君也。是以怨不生而上下和矣。(《慎子·君人》)[3]

若夫名分，圣人之所审也。……天下之可治，分成也；是非之可辨，名定也。(《尸子·发蒙》)[4]

分之以其分，而万民不争；授之以其名，而万物自定。(《黄帝四经·道原》)[5]

---

① 蒋礼鸿：《商君书锥指》，中华书局2014年版，第146页。

② 陈高傭：《公孙龙子 邓析子 尹文子今解》，商务印书馆2017年版，第171—175页。

③ 许富宏：《慎子集校集注》，中华书局2013年版，第54页。

④ 朱海雷：《尸子译注》，上海古籍出版社2006年版，第22页。

⑤ 余明光：《黄帝四经新注新译》，岳麓书社2016年版，第274页。

以上这些关于“名分”与“定分止争”的思想或许有后世伪造增益删改之处，不过这反而证明中国古代即便在严酷的专制时代也仍然传承着一个确凿无疑的“法家正统”学派。他们对法治、名分（权利）以及大国宪制的理解都远远高出当今中国那些对法治精神毫无领会却一味自愚愚人、玩世不恭、误人误国、冠冕堂皇的所谓“专业人士”。金受申先生认为尹文子关于法的主张“是平等作基础的——这一点和道家的关系，很可见出一部分——没有阶级的，以法作标准，不任人的”[①]。道家“以万物为刍狗”之“齐物论”，揭示万物于天地之间彻底的平等精神，在中国思想史上显然先于以空寂涅槃为基底的佛家众生平等观。

认为中国古代无法治精神，缺乏“权利”（rights）或立宪思想，是近百年以来学界匆匆移植外来思想而又不求甚解，不能真正体认法治、宪律或权利（名分）之精神内涵及其功用的结果。然而毕竟中华大地自古以来亦不乏能独立思考、不为世俗陋见所左右的士人学子，正是所谓“自反而缩，虽千万人，吾往矣”。关于“民权”的认识亦复如是：“中国民权之说，尧舜三代无不率循，虽其事不及今日泰西之昌明，然其义则见于《尚书》古史。”“是故为国之大道，先在使人人知有自主之权，此不特为致治之宏

① 金受申：《稷下派之研究》，台湾商务印书馆1971年版，第46页。

规，亦且为天理之至当。”[①]

结语　《尚书》与中国立宪传统

中国自古以来有没有可以深入挖掘的法治精神与立宪传统，触及中国政道的根本问题，关系到中国政治文明的走向。这不仅是中国自身必须认真思考和对待的重大问题，也是世界有识之士所关心的问题。没有权威或正当性基础的权力注定是短暂脆弱的，因为政治上的善乃是正义本身的实现，而其背后的道德基础乃是天地生物之心以及人、物各得其分的权义基础。这是尧、舜、禹、皋陶、周文王、武王、箕子共同关心的问题，也是孔子、董仲舒、黄宗羲、康有为等古今先贤殚精竭虑却始终未能很好解决的“为万世开太平”的根本命题。

郑观应认为宪法乃“三代之遗规”：“中国不能自强，由于上下离心。篇中拟立宪法，冀当轴者合群图治，以顺人心，虽参用西法，实亦三代之遗规也。”[②]（1895年前）梁启超在《古议院考》（1896）中将“询谋佥同”“小司寇掌其政”等记载视为中国古代议院制度的雏形：

① ［清］何启、胡礼垣：《新政真诠》，郑大华点校，辽宁人民出版社1994年版，第398、419页。

② 夏东元编：《郑观应集·盛世危言》（上），中华书局2013年版，第116页。

法先王者法其意。议院之名，古虽无之，若其意则在昔哲王所恃以均天下也。其在《易》曰：上下交泰；上下不交否。其在《书》曰：询谋佥同。又曰：谋及卿士，谋及庶人。其在《周官》曰：询事之朝，小司寇掌其政，以致万人而询焉。一曰询国危；二曰询国迁；三曰询立君。……《洪范》之卿士,《孟子》之诸大夫，上议院也;《洪范》之庶人,《孟子》之国人，下议院也。苟不由此，何以能询？苟不由此，何以能交？苟不由此，何以能见民之所好恶？故虽无议院之名而有其实也。①

康有为也有近似表述："自亚里士多德发立法、行政、司法三权鼎立之说，而孟德斯鸠大发之，于是以议院为立法之地。议院者，合一国之民心，举一国之贤才而议定一国之政，诚官制第一之本原也。议院者，为公民议政之地，黄帝之合宫、唐虞之衢室、殷之总章、周之明堂是也。盘庚命众至庭，孔子所谓'谋及卿士，谋及庶人'也。以国者，合民而为之，议院者，合民心舆论以立法收税，至公者也，无论君主、民主之国皆行之。有议院者公而安，无

---

① 梁启超：《饮冰室文集之一》,《饮冰室合集1》，中华书局1989年版，第94—95页。

议院者私而危，此大地万国已然之效。”[①]张之洞与梁启超、康有为的上述观点不谋而合：“《周礼》外朝询众庶，《书》谋及卿士，谋及庶人，从逆各有吉凶，是上下议院互相维持之义也。”“万世之巧，圣人不能尽泄，万世之变，圣人不能预知，然则西政、西学果其有益于中国，无损于圣教者，虽于古无征，为之固亦不嫌，况揆之经典灼然可据者哉？”[②]

值得注意的是，梁启超、康有为、张之洞的这种认识并非清末学人因西洋冲击而生的牵强附会，唐初成书的《中说·问易篇》中早有类似说法：“昔黄帝有合宫之听，尧有衢室之问，舜有总章之访，皆议之谓也。大哉乎，并天下之谋，兼天下之智，而理得矣。我何为哉？恭己南面而已。”[③]而更早的《管子·桓公问》中亦曰：“黄帝立明台之议者，上观于贤也；尧有衢室之问者，下听于人也。

---

① 康有为：《官制议·卷七·开议院》，《康有为全集》第七集，中国人民大学出版社2007年版，第265页。康有为此前在《日本书目志》（1898年春）中已有表述：“《尧典》曰：辟四门，明四目，达思聪。《盘庚》：登进厥民，命众悉至于庭。《洪范》：谋及卿士，谋及庶人。《孟子》：左右皆曰贤，诸大夫皆曰贤，未可也；国人皆曰贤，然后用之。……黄帝曰‘合宫’，尧曰‘总章’，三代曰‘明堂’。中国古固有议院哉！通天下之气，会天下之心，合天下之才，政未有善于议院者也。泰西之强基此矣，日本又用之而强矣。”（《康有为全集》第三集，中国人民大学出版社2007年版，第330页）

② ［清］张之洞：《劝学篇·会通第十三》，上海书店出版社2002年版，第70—71页。

③ ［隋］王通：《中说校注》，张沛校注，中华书局2013年版，第132页。

舜有告善之旌，而主不蔽也。禹立谏鼓于朝，而备讯唉。汤有总街之庭，以观人诽也。武王有灵台之复，而贤者进也。此古圣帝明王所以有而勿失，得而勿忘者也。”[①] 近代议院之“议”，其功能不外乎“听于民”，从而实现“民有”“民治”“民享”之目的，其上议院与下议院之设与“明台之议者，上观于贤”，“衢室之问者，下听于人”亦不能说没有异曲同工之妙。苛责古人先贤牵强附会，于本国固有典章制度无所用心，自断本根，不为古人之病，反为今人之陋。

20世纪初汤寿潜将宪法追溯至《尚书》《管子》：“尚书说命言时宪，言成宪，传宪法也。此为中国古籍言宪之始乎？……独管子知以宪法治齐，立政篇之言曰：正月之朔，百官在朝，君乃出令布宪于国。宪既布，有不行宪者罪死不赦，考宪而有不合于太府之籍者，侈曰专制，不足曰亏令。以立宪与专制对言，则齐国之定宪法明甚。”汤氏力陈“宪法为中国所固有”之“沉渊之珠”，痛斥“病立宪为异制而挠之者”；“庚子乱后，救亡无术，立宪之说腾于朝野，然只知宪法为东西所已行，不知宪法为中国所固有。故胪举东西国宪法所许之权利一一证以中国古书，凡为卷三，使中国人民知宪法为沉渊之珠，汲而取之，固所自有，未始非考求宪法之一助。中国急起直追，已虑其

① ［清］黎翔凤：《管子校注》（下），中华书局2004年版，第1047页。

晚。嗟乎！西人绞无量数生灵之血始得此数十条之宪法，日本行之而效矣，犹有病立宪为异制而挠之者，愿以是间执其口也。”[①]

可叹汤寿潜的钩沉稽隐与良苦用心即使在百年后的今天，有人也未必能够领会。某些学界滥竽充数的不学无术之徒，妄言宪法或法治乃西方所独有，不适合中国国情，其数典忘祖、居心叵测之陋态不足一哂。

鸦片战争以后，同治中兴，戊戌变法，清末立宪，徒成泡影；民国伊始，君宪共和，复辟联省，奸雄窃国，军阀混战，外患不绝，内乱频仍。

> 宪法者何物也？立万世不易之宪典，而一国之人，无论为君主，为官吏，为人民，皆共守之者也。为国家一切法度之根源，此后无论出何令，更何法，百变而不许离其宗者也。西语原字为 THE CONSTITUTION，意译犹言元气也。盖谓宪法者一国之元气也。[②]

清末以来，中国元气大伤，内忧外患，国破家亡，政道凌夷，斯文扫地。共和再造，改革开放，或赶超战略，或

① 衔石生：《宪法古义叙》，《宪法古义》，上海点石斋书局印行，光绪三十一年（1905）版，第2页。

② 梁启超：《立宪法议》，《饮冰室文集之五》，《饮冰室合集1》，中华书局1989年版，第1页。

比较优势，或东亚模式，或市场经济，但至关重要的问题仍然是古人所谓洪范皇极，今人所谓政道宪法。这一问题关系到国家民族的长治久安。在这个“聪明人比比皆是，智慧日益贫乏”（Intelligence abounds，but wisdom seems increasingly scarce）的时代，我们重温古人疏通知远的政治智慧，应当清醒地认识“规则的理由”：“只有那些浪漫的无政府主义者才会认为，人们中间存在着‘自然和谐’，即使没有任何规则，他们也能消除所有冲突。我们需要共同生活的规则，其简单的理由是，没有规则，我们必会陷入争斗。”[①]

① 〔澳〕布伦南、〔美〕布坎南：《宪政经济学》，冯克利等译，中国社会科学出版社2004年版，第3页。

第二章　《洪范》与中国政治思想的深层结构*

引言　关于所谓“中国政治思想的深层结构”

已故哈佛大学教授本杰明·史华兹生前在一篇短文中谈及中国政治思想的深层结构：

> 我所指的这个“深层结构”包括两方面：第一是在社会的最顶点，有一个“神圣的位置”（sacred space），那些控制这个位置的人，具有超越性力量，足以改变社会。从这个角度说，位置本身比谁占据那个位置更为重要。但是反过来说，在那高点有一特殊

* 本章内容曾以《〈尚书·洪范〉再探讨：解析中国政治哲学的深层结构》为题，发表于第四届国际《尚书》学学术研讨会（2016年4月19—20日·香港），2018年2月修订。

机关，由某一特定人物所代表（通常是王权）。因为结构本身并无动力足以改变自己，故必须仰仗这个占据最高神圣位置的君王的个人品质来改变整个社会结构。如果上述两面能密相结合，也就是所谓“政教合一”。[①]

史华兹认为“在中国政治思想的深层结构中，在上位的人君个人的品质虽然重要，可是那个客观的结构似乎更重要”。他进一步追问道：“问题是为什么千百年来受苦于这个权力毫无限制的结构的儒生，不曾好好思考过要向这个结构挑战，或试图限制它的力量，或是提出另一种替代品？”史华兹的问题看似深奥，其实并无新意，不过是孟德斯鸠所谓“中国的专制主义”、黑格尔的中国停滞论，以及其后所谓“东方专制主义”“中国超稳定结构”“中国的王权主义”等观点的不同表述方式而已。[②]关于《洪

① 余英时等：《中国历史转型时期的知识分子》，联经出版事业公司1991年版，第23页。

② “中国的专制主义，在祸患无穷的压力之下，虽然曾经愿意给自己带上锁链，但都徒劳无益；它用自己的锁链武装了自己，而变得更为凶猛。”“中国是一个专制的国家，它的原则是恐怖。”（见〔法〕孟德斯鸠：《论法的精神》（上册），张雁深译，商务印书馆1961年版，第129页。）“中国是停留在抽象里面的；当他们过渡到具体时，他们所谓具体者在理论方面乃是感性对象的外在联结；那是没有［逻辑的、必然的］秩序的，也没有根本的直观在内的。再进一步的具体者就是道德。”（见〔德〕黑格尔：《哲学史讲演录》第一卷，贺麟、王太庆等译，上海人民出版社2013年版，130

范》的性质，史华兹认为《洪范》最关心的“是社会政治秩序，即使它存在着某些关注个人的关键范畴，实际上也被归属在第五组范畴‘皇极’部分——在那里，所谓个人，实际上就是作为整个秩序枢纽的普适性君王。只有他才有可能实现‘五福’，只有他才需要具备对于如何在政府中运用正直、坚定［刚克］、温和［柔克］这三种德性（三德）所作出独立判断。……理想的君主通过其睿智牢牢地控制着系统”[①]。史华兹所说的“这个权力毫无限制的结构”是否是中国政治思想的深层结构？千百年来，包括“儒生”在内，是否真的如其所言“不曾好好思考过要向这个结构挑战，或试图限制它的力量，或是提出另一种替代品”？与史华兹不同，韦伯提供了另一种视角：“儒家只有一个始终存在的大敌，这就是独裁制和为其撑腰的宦官政治。”“‘立宪’是儒家的理论，从‘立宪’的角度来说，皇帝只能任用有学位的儒士为官来进行统治，而从‘古典’的角度来说，则只能通过正统儒教的官员来进行

页。）另参见〔美〕卡尔·A.魏特夫：《东方专制主义——对于极权力量的比较研究》，徐式谷、奚瑞森、邹如山等译，中国社会科学出版社1989年版；金观涛、刘青峰：《兴盛与危机——论中国封建社会的超稳定结构》，湖南人民出版社1984年版；刘泽华：《中国的王权主义》，上海人民出版社2000年版。

① 〔美〕本杰明·史华兹：《古代中国的思想世界》，程钢译，刘东校，江苏人民出版社2004年版，第378页。

统治。"[①] 本章以《尚书·洪范》为例，探讨中国政治思想的深层结构与古代中国的宪法原型。

一、"治天下之大法"：《洪范》的性质

《洪范》开篇记述了周武王访问箕子，虚怀下问的情形："惟天阴骘下民，相协厥居，我不知其彝伦攸叙。"这与相隔千年汉武帝垂询董仲舒，从而留下《天人三策》的情形颇为相似。关于武王践祚之后殚精竭虑、如履薄冰的心情，从《大戴礼记·武王践阼》可以窥见一斑：

> 武王践阼三日，召士大夫而问焉，曰："恶有藏之约行之，行万世可以为子孙常者乎？"诸大夫对曰："未得闻也。"然后召师尚父而问焉，曰："昔黄帝、颛顼之道存乎？意亦忽不可得见与？"师尚父曰："在丹书。王欲闻之，则齐（斋）矣。"

周武王斋戒三日，端冕静候，师尚父郑重宣读《丹书》之文：

① 〔德〕马克斯·韦伯：《儒教与道教》，商务印书馆1995年版，第189、192页。

> 敬胜怠者吉，怠胜敬者灭，义胜欲者从，欲胜义者凶。凡事不强则枉，弗敬则不正，枉者灭废，敬者万世。

师尚父继续告诫道：“藏之约行之，行可以为子孙常者，此言之谓也。且臣闻之，以仁得之，以仁守之，其量百世。以不仁得之，以仁守之，其量十世。以不仁得之，以不仁守之，必及其世。”周武王恭敬地听完上述之言，“惕若恐惧，退而为戒书，于席之四端为铭焉，于机为铭焉，于鉴为铭焉，于盥盘为铭焉，于楹为铭焉，于杖为铭焉，于带为铭焉，于履屦为铭焉，于觞豆为铭焉，于户为铭焉，于剑为铭焉，于弓为铭焉，于矛为铭焉。”心悦诚服地将自己关进了由各种铭文包围的笼子里。这些铭文具体内容有：“安乐必敬”“无行可悔”“所监不远，视迩所代”“见尔前，虑尔后”“随天之时，以地之财。敬祀皇天，敬以先时”[①]等等。《洪范》之于箕子，如《丹书》之于师尚父。《洪范》第二畴“敬用五事”有所谓“貌曰恭，言曰从，视曰明，听曰聪，思曰睿”，这与武王践祚之时师尚父宣读的《丹书》宗旨若合符节。

然而，《尚书·洪范》自汉代以来，注释繁多，歧义迭出，其中自然不乏探幽索微、疏通知远的真知灼见，但也

① 以上引文出自［清］孔广森：《大戴礼记补注·武王践阼第五十九》，王丰先点校，中华书局2013年版，第114—118页。

充斥着穿凿附会、固陋陈腐的臆断妄说，并且一直影响到当今如史华兹一样的学界翘楚。《洪范》到底是一部怎样的历史文本？如何理解其性质与精神？它在中国古代文献中占有怎样的位置？笔者意图通过对《洪范》篇的体系诠释，管窥蠡测，探讨其精神与结构，并思考中国政治思想的深层结构。

《尚书》孔氏传解释"洪范"内涵："洪，大；范，法也。言天地之大法。"从《洪范》开篇所言"惟天阴骘下民"，"天乃锡禹洪范九畴，彝伦攸叙"等表述来看，"洪范九畴"是天、帝所赐。然而这种赐予是有条件的："鲧陻洪水，汩陈其五行，帝乃震怒，不畀洪范九畴。"天、帝之所以没有赐予鲧洪范九畴，是因为"鲧陻洪水，汩陈其五行"。鲧的行为具有象征意义，"汩陈其五行"的行为似乎可以理解为违反自然法的行为，五行坏乱是由于鲧不知水性，师心自用的结果。不知道"防民之口甚于防川"的道理，不是顺应水性（或人性），使用疏导宣泄的方式，而是阻断水流或围追堵截（防民之口）。由此可见，洪范九畴的彰显有赖于人对天地自然属性的正确认识，是自然与人为相互作用的结果。孔氏传所谓"天地之大法"（自然法）恐怕不能完全揭示"洪范九畴"的内涵，因为洪范九畴以人认识"五行"为条件，已经参入人定法（实在法）的成分。洪范九畴是建立在天地大法根基之上的"人道大法"，正如顾炎武所言："'彝伦'者，天地人之常道，如下所谓五行、五事、八政、五纪、皇极、三德、稽疑、庶征、五福、六极，皆在其中，不止《孟子》之言‘人伦’而已。能尽其性，以至能尽人之性，尽物之性，则‘可以赞天地之化育’，而‘彝伦叙’矣。”①

胡渭撰《洪范正论》认为“洪范乃治天下之大法。大法即九畴，九畴即天地人之常道”。他详细引述了九畴之间的相互关系：

> 曾氏巩曰：五行者行乎三才万物之间也，故初一曰五行。其在人为五事，故次二曰敬用五事。五事敬则身修矣，身修然后可以出政，故次三曰农用八政。政必协天时，故次四曰协用五纪。修身、出政、协天时，不可以不有常也，常者大中而已矣，故次五曰建用皇极。立中以为常而未能适变，则犹之执一也，故次六曰乂用三德，所以适变也。能适变则人治极矣，极人治而不敢绝天下之疑，故次七曰明用稽疑，稽疑者尽之于人神也，人治极而通于神明者尽，然犹未敢自信也，必参吾之得失于天，故次八曰念用庶征。征有休咎，则得失之验于天者可知矣，犹以为未尽也，故次九曰向用五福，威用六极。福极之在民皆吾有以致之，故又以考己之得失于民也。凡此九者皆人君之

① ［明］顾炎武：《日知录校释》（上），张京华校释，岳麓书社2011年版，第71页。

道，其言不可杂而其序不可乱也。[①]

五行行乎天地人三才万物之间，五行、五事、八政、五纪、皇极、三德、稽疑、庶征、五福、六极，环环相扣，相互依存，“修身、出政、协天时”，树立“皇极”，建立标准，以求大中至正。所谓“人君”之道想必并非“君人”之道，而是“为君”之道，也就是作为一个合格君主应该时刻牢记并践行的规矩法度。

二、“三才之至理”：洪范九畴的内部结构

自梁启超《阴阳五行说之来历》一文驳斥洪范九畴“一畴统贯生八畴”之说以来，“五行”在九畴中的统领地位遭到质疑。[②]不过，从以下文本表述来看，“五行”在九畴中的地位是不容忽视的。《洪范》曰：“鲧堙洪水，汩陈其五行。帝乃震怒，不畀洪范九畴，彝伦攸斁。”《甘誓》曰：“有扈氏威侮五行，怠弃三正。天用剿绝其命，今予惟恭行天之罚。”所谓“水曰润下，火曰炎上，木曰曲直，金曰从革，土爰稼穑”，是就自然事物的性质而言。鲧“汩

① 王云五编：《四库全书珍本三集·洪范正论》(卷一)，台湾商务印书馆1972年版，第20—21页。

② 参见梁启超：《饮冰室文集之三十六》，《饮冰室合集4》，中华书局1989年版，第53—54页。

陈其五行”与有扈氏“威侮五行”的行为，是他们不能深刻理解“五行”的性质所导致的结果。马王堆汉墓帛书《要》有言：

> 故《易》又天道焉，而不可以日月星辰尽称也，故为之以阴阳；又地道焉，不可以水、火、金、土、木尽称也，故律之以柔冈；又人道焉，不可以父子君臣夫妇先后尽称也，故为之以上下。①

水、火、金、土、木，构成五行，虽然不足以“尽称”地道，但无疑可以代表地道的某些特性。“土居中央，为之天润。土者，天之股肱也，其德茂美，不可名以一时之事，故五行而四时者，土兼之也。金木水火虽各职，不因土，方不立，若酸咸辛苦之不因甘肥不能成味也。甘者，五味之本也；土者，五行之主也。五行之主土气也，犹五味之有甘肥也，不得不成。是故圣人之行，莫贵于忠，土德之谓也。人官之大者，不名所职，相其是矣；天官之大者，不名所生，土是矣。”（《春秋繁露·五行之义第四十二》）刘牧《易数钩隐图》“人禀五行第三十三”中有言：“易之为书也，广大悉备，有天道焉，有人道焉，有地道焉，兼三才而两之，故六。六者非他也，三才之道也。然则三才之

① 濮茅左：《楚竹书〈周易〉研究——兼述先秦两汉出土与传世易学文献资料》（下），上海古籍出版社2006年版，第621页。

道，上中下之位，三才之用，舍五行则斯须无以济矣。至于人之生也，外济五行之利，内具五行之性。五行者，木火土金水也。木性仁，火性礼，土性信，金性义，水性智。是故圆首方足，最灵于天地之间者蕴是性也。”[①] 三才之用舍五行无用武之地，人性之中蕴含五行之性。《左传·昭公三十二年》：“天有三辰，地有五行。”《国语·鲁语上》：“及天之三辰，民所以瞻仰也，及地之五行，所以生殖也。”从以上表述来看，五行不只与“天”相关，更与“地”相关，因此洪范九畴便是天、地、人相互交错的结构形式。

阎若璩复述蔡沈《书集传》对九畴关系“天人之合”的理解：“在天惟五行，在人惟五事。五事参五行，天人之合也。八政者，人之所以因乎天也；五纪者，天之所以示乎人也；皇极者，人君之所以建极也；三德者，治之所以应变也；稽疑者，以人而听乎天也；庶征者，推天而征之人也；福极者，人感而天应之也。”[②] 按此理解，“五行”“五纪”“庶征”直接关乎“天”；“五事”“皇极”“三德”直接关乎人；“八政”“稽疑”“福极”直接关乎天人之际。阎若璩认为“《河图》《洛书》所列者数也，《洪范》所陈者理也”。在阎氏看来，此“理”非同一般，是所谓“三才

① ［宋］刘牧：《易数钩隐图》，《易数钩隐图》（外三种），上海古籍出版社1989年版，第18页。

② ［清］阎若璩：《尚书古文疏证》（下），黄怀信、吕翊欣校点，上海古籍出版社2013年版，第583页。

之至理”：

> 是则九畴之自一至九，所陈者三才之至理，而圣人所以参赞经纶，极而至于天人，证应祸福之际，以为治天下之法者也，其义岂在数乎？①

此种“三才之至理”，穷极天人，证诸福祸，乃是“治天下之法”，所谓五行、五事、八政、五纪、皇极、三德、稽疑、庶征、福极等九畴，不仅含摄天地、人事、政事，背后更有其天地人相互作用的深层结构。

从以上分析来看，洪范九畴的内在精神及其结构绝非史华兹所谓“权力毫无限制的结构”，那么他为什么认为第五畴“皇极”部分“实际上就是作为整个秩序枢纽的普适性君王”，“理想的君主通过其睿智牢牢地控制着系统”呢？笔者认为这与后世关于《洪范》中“皇极”“辟”“臣”等关键词的诠释有关。

三、“皇极”之歧义：“大中”“君极”及其超越

> 皇建其有极。敛时五福，用敷锡厥庶民。惟时厥

① ［清］阎若璩：《尚书古文疏证》（下），黄怀信、吕翊欣校点，上海古籍出版社2013年版，第583页。

庶民于汝极，锡汝保极。凡厥庶民，无有淫朋，人无有比德，惟皇作极。凡厥庶民，有猷有为有守，汝则念之。不协于极，不罹于咎，皇则受之。而康而色，曰："予攸好德。"汝则锡之福。时人斯其惟皇之极。无虐茕独，而畏高明，人之有能有为，使羞其行，而邦其昌。凡厥正人，既富方谷，汝弗能使有好于而家，时人斯其辜。于其无好德，汝虽锡之福，其作汝用咎。无偏无陂，遵王之义；无有作好，遵王之道；无有作恶，遵王之路。无偏无党，王道荡荡；无党无偏，王道平平；无反无侧，王道正直。会其有极，归其有极。曰皇极之敷言，是彝是训，于帝其训，凡厥庶民，极之敷言，是训是行，以近天子之光。曰天子作民父母，以为天下王。

以上是《洪范·五皇极》的全部内容。《尚书·仲虺之诰》（古文）中有别种表述："建中于民，以义制事，以礼制心，垂裕后昆。"余英时先生在其《朱熹的历史世界》中对宋代皇权与皇极问题曾有集中讨论，陈来先生有进一步的阐述。[①]笔者认为有必要对"皇极"诠释历史再做进一步考察。

《洪范》第五畴"皇极"中"皇"字凡五出："皇建其

① 参见陈来：《"一破千古之惑"——朱子对〈洪范〉皇极说的解释》，《北京大学学报》2013年第2期。

有极”“惟皇作极”“皇则受之”“惟皇之极”“皇极之敷言”。“皇”字或可为副词，或可为名词，模棱两可，给后世留下极大的诠释空间，一字之差，谬之千里，正可谓“人心惟危，道心惟微”。

胡瑗《洪范口义》卷上以“皇大极中”解释“皇极”：“皇大极中也。言圣人之治天下，建立万事，当用大中之道。所谓道者何哉？即无党无偏，无反无侧，无有作好，遵王之道，无有作恶，遵王之路是也。”①

赵善湘《洪范统一》以“皇皇上帝之皇”解释“皇极”之“皇”：“皇乃皇皇上帝之皇，大之不可名言也。说文解字通释曰：极，栋也，屋脊之栋，言众木之极至也。经曰：会其有极，归其有极，言之甚明。不曰大中者，言皇极之道，有非大中之所能尽也。”②

《东坡书传》卷十以“大而无际”解释“皇极”之“皇”：“大而无际谓之皇。庄子曰无门无旁，四达之皇皇。至而无余谓之极。”③

夏僎《尚书详解》卷十七指出“皇极”有两种解释——“大中”与“君中”，认为两者皆可说通：“皇极字有二训。汉孔氏谓：皇，大也；极，中也。谓大中之道也。

① 赵善湘：《洪范统一》，中华书局1991年版，第3页。
② 苏轼：《东坡书传》（二），中华书局1991年版，第327页。
③ ［宋］胡瑗：《洪范口义》，《尚书释音 洪范口义》，商务印书馆1936年版，第9页。

汉五行志谓：皇，君也；极，中也。谓人君所建之中也。二说皆可通。”①

《增修东莱书说》卷十七释“皇极”：“皇者，极之体，由其大，则中可见。正其中，则大可有。谓皇极之道，布在天下，本无亏欠，必又得人君建立其极，如论语所谓人能弘道，非道弘人。”“皇极之道，固不为尧存而桀亡，然非人君有以建之，则能者顺之以取福，不能者败之以取祸，何以各归其极。惟人君建其极于上，故能敛时五福，用敷锡厥庶民，民始均得矣。福非外求，只皇极之道便是。”②

以上这些解释可以看到《汉书·五行志》的影响，但并未排斥别种解释。但到了朱熹解释“皇极”却为之一变：“‘皇极’二字，皇是指人君，极便是指其身为天下做个样子，使天下视之以为标准。”③陈淳完全蹈袭朱熹的解释，以“君德”释“皇极”：“书所谓‘皇极’，皇者，君也。极者，以一身为天下至极之标准也。……人君中天下而立，则正身以为四方之标准，故谓之皇极。若就君德论，则德到这处，极至而无以加。”④王船山合“大”“君”“极”为一体，以“大哉君极”释“皇极”，并与“五事”“八

---

① 夏僎：《尚书详解》（四），商务印书馆1936年版，第380页。

② 时澜修定：《增修东莱书说》（三），商务印书馆1936年版，第192、195页。

③ ［宋］黎靖德编：《朱子语类》（五），王星贤点校，中华书局1994年版，第2044页。

④ ［宋］陈淳：《北溪字义》，熊国祯、高流水点校，中华书局1983年版，第46页。

政”“五纪”“三德”“稽疑”“庶征”“福极”合观：“皇，大也，君也。大哉君极，以修五事，治八政，察五纪者也；以宣三德，合稽疑，召庶征，行福极者也。居幽向明，主一治众，止其所，以待动。子曰：‘譬如北辰，居其所而众星共之。’此之谓也。”①

明代马明衡所撰《尚书疑义》对朱熹的解释提出异议：

> 皇极二字，自汉以来训皇为大、极为中，谓为大中之道，至宋诸公始异其说，以皇为君、极为至。朱子盖深论之，而尤谓极字不可为中。愚窃谓此皆未免专就文义上理会，然其实道理亦不能离乎中之一字也。洛书东西北南横纵，五数皆居中，大禹分明取象人君中天下而立，立大中之道之义，而苦苦要辨其不为中者，抑亦似戾禹与箕子取象之本意也。况中为至极之理，天下道理至于中而止矣，中又何尝不兼至字之义乎？若徒至而不中，则至字亦有何好处？而又乌可谓之极耶？然则即训作至字，亦不能离乎中之理，孰若训中之为尽乎？又古人皇字极重，如云“惟皇上帝”“皇矣上帝”“皇天”之类，皆以加于天帝之上，谓惟天足以当之。三代称王，未有君称为皇之语，

① ［清］王夫之：《船山全书》（第二册），岳麓书社2011年版，第138页。

况箕子不臣于周，篇中曰而曰汝不一而足，岂遂加以天帝之徽称又胜于周之臣子之美其君耶？文公谓皇若为大，不成皇则受之为大则受之，惟皇之极为惟大之极乎？愚意此二句者旧注解得自好，亦曷为不通？若必以是为不通，则五皇极亦不成谓五君极乎？上次五曰建用君极，尤不可通矣。《无逸篇》皇自敬德，皇又岂可训为君乎？今似只依注疏旧解以皇训大，以极训中，谓天之大中之道也，此其道理自正。然建之者自是人君之事也，人君继天立极，尽天下大中之道，为四方之所取，则所谓皇建其有极也。①

马明衡认为“古人皇字极重”，“惟天足以当之”，“三代称王，未有君称为皇之语”，朱熹释“皇”为“君”，是师心自用，庸人自扰。

叶适解释“皇极”别树一帜，指出圣人“执大道”制作之意：“至于士农工贾，族性殊异，亦各自以为极而不能相通，其间爱恶相攻，偏党相害，而失其所以为极；是故圣人作焉，执大道以冒之，使之有以为异而无以害异，是之谓皇极。”② 他又指出“建极”与“识其所以建”

① ［明］马明衡：《尚书疑义》（卷四），王云五编：《四库全书珍本初集》，台湾商务印书馆1969年版，第22—23页。

② ［宋］叶适：《叶适集》（下），刘公纯、王孝鱼、李哲夫点校，中华书局2010年版，第728页。

之难：

> 故皇极无不有也，而其难在于建；建极非难也，而其难在于识其所以建。天畀之，禹受之，武王虚己而访之，箕子斋戒而言之，皆非极也，皆建极也。故曰其难在于建。虽然，后世之建极而能尽合乎箕子之言者，何其少也！故曰其难在于识其所以建。[1]

叶适认为尧、舜、禹、稷、伯夷、皋陶都是“建极者”，“其后纣不能建，文、武以诸侯建之，其臣若周公者建之最备，其极最大，故天下之言治者归于周。自是以来，其建者未尝绝也。安于逸乐而不知建，则其极倾挠而日危；困于寡陋而不能建，则其极疏阙而难居；有所制而不暇建，则无极而自亡；自出其智力而不以众建，则亢爽而不安；以众建而不能大建，则其极朴固鄙近，可以苟安而不足以有为：治乱之效，皆在是矣”[2]。历数古今兴亡的制度论背景，宛如一部精简的华夏立宪建国史，在“皇极”诠释史上可谓“前不见古人，后不见来者”，正可谓“贤者识其大”。

其实关于“极”与“皇极”不妨听一听域外近邻与现代学者的常识性解释。日本古文辞学派代表荻生徂徕

① ［宋］叶适：《叶适集》（下），刘公纯、王孝鱼、李哲夫点校，中华书局2010年版，第728页。

② 同上书，第729页。

（1666—1728）这样解释“极”字：“极者，谓先王立是，以为民之所准据者也。……汉儒训极为中，盖先王建之，以使贤者俯就，而不肖者企而及之，故极有中之义，非直训中也。……然极字之意，以准据为主意，它皆旁意。如北极，亦人所以为准据也。”[①]徐复观先生也认为，“孔《传》虽以‘大中’释其中的‘皇极’；但我根本怀疑这依然是以后起的‘中’的观念去加以附会；原来的意义，只是由‘极，屋脊之栋也’引申出的作为大家所应共守的标准之意”[②]。

这种“准据”“标准”可以小而言之，也可以大而观之。关于“帝乃震怒，不畀洪范九畴，彝伦攸斁”，郑玄解释说：“帝，天也。天以鲧如是，乃震动其威，怒不与天道大法九类，言王所问所由败也。”[③]郑玄以“天道大法九类”诠释“洪范九畴”，自有道理，但仅就“五皇极”本身内容来看，所谓“敛时五福”“锡厥庶民”“有猷有为有守”“予攸好德”“无偏无陂，遵王之义；无有作好，遵王之道；无有作恶，遵王之路。无偏无党，王道荡荡；无党无偏，王道平平；无反无侧，王道正直。会其有极，归其有极”，这些显然都是就人事而言，区别于“天道”，或者可以称之为“人道大法”或“根本大法”，也就是我们今

① 『日本思想大系·荻生徂徠』，岩波書店1973年，248頁。
② 徐复观：《徐复观文集》（三卷），湖北人民出版社2009年版，第292页。
③ ［清］孙星衍：《尚书今古文注疏》，中华书局2012年版，第293—294页。

天所说的宪法。[①]

刘起釪在《洪范成书时代考》一文中认为,“《洪范》的原本最初当是商代的”。关于第五畴的“皇极”之“皇”,他认为“‘皇’字原作‘王’,见汉代今文。‘皇’字为汉人据当时‘皇’已训君并高于王的用法所改”。他以此为论据,将“皇极”与“五事”“庶征”“稽疑”“三德”“福极”相勾连,认为《洪范》“所反映的原是商代奴隶主专政时的统治思想”[②]。这一结论显然是基于汉人训“皇”为“君”的大前提。这与上述史华兹对“皇极”的理解同出一辙。关于“皇”字的原义,顾颉刚先生有以下见解:

> “皇”字,我们看惯了,似乎只是帝和王的异称,或是高出于帝和王的阶位。但在战国以前的器物和文籍里,却毫没有这个意思,只当它形容词和副词用,偶然也用作动词,或是有人用它作名字,绝没有用作一种阶位的名词的。所以《白虎通义》说:“皇,

① 我们不妨将“五皇极”与《美利坚合众国宪法》(1787年9月17日)“序言”做一比较:“我们合众国人民,为了建立一个更完善的联邦,树立正义,确保内部安宁,提供共同防御,增进公共福利,并保证我们自身和子孙后代永享自由的幸福,特制定美利坚合众国宪法。”正义公平、“庶民”的安宁福利也正是“建极”(立宪)的目的所在。

② 刘起釪:《洪范成书时代考》,《中国社会科学》1980年第3期,第160页。关于《洪范》篇的成立,可另参见周浩翔:《〈尚书·洪范〉时代及思想源流考论》,《中国哲学史》2016年第2期。

> 君也，美也，大也，天人之总，美大之称也。”……除了“君也”一解，可以说是对的。[①]

顾颉刚引述唐兰的见解，认为“皇”字“金文里的从‘土’，有从‘王’的是错误了。它是像太阳刚从地下出来，光焰上射的景象，以后的用法是从这里演变出来的”[②]。《洪范》原本起于商代，虽然后经千年流转，因为错简或改动而面目模糊，但以“皇”训“君”、训“王”，将“皇极”诠释为“大中”或“君极”，以此论证“作为整个秩序枢纽的普适性君王”，认为《洪范》代表“商代奴隶主专政时的统治思想”，并以此为中国政治思想的深层结构，未免先入为主，有待商榷。

有研究认为“周王的统治权力由王朝的先祖所赋予”。西周王朝的先祖“是西周国家‘主权’（sovereignty）的真正持有者”。“西周政府的行政运作是有一定规则和规律的。”[③] 笔者认为相对于通常所说的君主主权、贵族主权、国民主权等主权归属分类，商周时期的主权归属或许可以称

---

① 顾颉刚：《古史辨自序》（上册），商务印书馆2015年版，第210页。

② 关于“皇”字本义的研究，可参见单周尧：《说“皇”》，《勉斋小学论丛》，上海古籍出版社2009年版；杜金鹏：《说皇》，《文物》1994年第7期；李国正：《“皇”字新解》，《语言研究》1986年第2期；顾颉刚、杨向奎合著：《三皇考》，哈佛燕京学社1936年版。

③ 李峰：《西周的政体：中国早期的官僚制度和国家》，生活·读书·新知三联书店2010年版，第145、150页。

为“皇天（帝）主权”。这便涉及现世君主在洪范九畴体系中的位置。

四、“辟”与“臣”：现世君主在洪范九畴中的位置

一曰正直，二曰刚克，三曰柔克。平康正直。强弗友刚克，燮友柔克。沉潜刚克，高明柔克。惟辟作福，惟辟作威，惟辟玉食；臣无有作福作威玉食。臣之有作福作威玉食，其害于而家，凶于而国，人用侧颇僻，民用僭忒。

以上是《尚书·洪范》“六、三德”的全部内容。关于此处“惟辟作福，惟辟作威，惟辟玉食”之“辟”字，历来解作“天子”或“君主”。

马融曰：“辟，君也。玉食，美食。不言王者，关诸侯也。”郑玄曰：“此凡君抑臣之言也。作福，专庆赏也。作威，专刑罚也。玉食，备珍美也。”[①] 胡瑗《洪范口义》卷下释“惟辟作福，惟辟作威，惟辟玉食”：“福，赏也；威，罚也；玉食，珍食也。谓玉为珍以至珍惟金玉耳，故玉食为珍食也。前既言强弗友刚克，则强暴弗顺者以刚克之，此

① ［清］孙星衍：《尚书今古文注疏》，中华书局2012年版，第208—209页。

以下言大臣有专威福者，不可不诛也。夫赏者所以为天下劝善也，威者所以为天下诛恶也，盛馔天子所宜有也，夫此三者，天子之用，何人臣可得为哉？”[①]蔡沈《书集传》的解释是：“‘福威’者，上之所以御下；‘玉食’者，下之所以奉上也。曰‘惟辟’者，戒其权不可下移。曰‘无有’者，戒其臣不可上僭越也。”[②]王船山认为“‘惟辟作福，惟辟作威’云云者，言君履道居尊乘权而无所可假，故直当以王天下之任自重而作民父母，非以偏私于臣，则威福玉食弗有疑畏而以让于臣也”[③]。

以上解释都是基于“辟，君也”这一前提。《尚书·君陈》（古文）有曰：“尔惟弘周公丕训，无依势作威，无倚法以削，宽而有制，从容以和。”如果这里的“无依势作威”还是君主对臣下的劝告，即是“臣无有作福作威玉食”的意思，那么《汤诰》（古文）中的“作威”者却是指夏王：“夏王灭德作威，以敷虐于尔万方百姓。”同样，《泰誓下》（古文）中“作威杀戮”与“洪惟作威”者也是指“今商王受”。他们“作威”的后果是天命的丧失。如此看来，“作威”不仅不该是天子专享的特权，反而是导致其丧失天命与民意的原因。但是，这种《尚书》文本中的

---

① ［宋］胡瑗：《洪范口义》，《尚书释音 洪范口义》，商务印书馆1936年版，第59页。

② ［宋］蔡沈：《书集传》，钱宗武、钱忠弼整理，凤凰出版社2010年版，第146页。

③ ［明］王夫之：《船山全书》（第二册），岳麓书社2011年版，第145页。

自相矛盾却少人质疑，直到今天的《尚书》注释，也还是释“辟”为“君”。

方东美先生对此陈陈相因的解释提出异议：“依我看，古代的君主都是非常之简朴，宫殿是茅茨土阶，甚至祭天地祭祖宗的宗庙也是很简单的，他怎么可能在那个地方无端作福，无端作威，无端玉食呢？甚至第二流的皇帝像汉高祖，对于已经毁掉的秦代的阿房宫也不肯把它恢复起来，因为汉代初立，经济上还很困难，叫帝王一人享受而让百姓贫穷，连汉高祖这一类的人都不肯，又何况古代的圣王像尧、舜、禹、汤者？由此可见，从暴秦以后把皇权提得这样高，连学术界士大夫都只晓得捧君主，这正是汉人之陋。”[①] 方东美先生认为“辟”字“应当解释为‘邪僻’，而不是‘君主’”。因此，“惟辟作福，惟辟作威，惟辟玉食”便应解释为“只有邪僻的人是无端作福、无端作威、无端弄权、无端奢侈的”。这是对通常理解的颠覆性诠释。

马一浮先生在《洪范约义》中提出另一见解：“辟者，

① 方东美：《原始儒家道家哲学》，中华书局2012年版，第57页。熊十力先生有相近看法：“汉以后奴儒，媚事皇帝，其释《春秋》及群经，乃盛张名分以摧抑群黎，遗毒既深，而《春秋》本旨遂长晦。”“汉儒每以媚皇帝之心理曲解经文。”“两汉以来，孔子六经之真已晦蔽不可见。二千数百年所谓儒者，若概斥为奴，似难过，然平情深究，不谓其奴化之深不得也。”（熊十力：《论六经·中国历史讲话》，中国人民大学出版社2006年版，第15、30、115页）

法也。皇王后辟，同为君称。此独变言辟者，天命有德，天讨有罪，是为奉天之法，天即理也。非人君之所得专也。玉食者，民之所奉于君。亦曰天禄。君能奉法，始得有之。故曰‘惟辟作福，惟辟作威，惟辟玉食’也。是必奉法惟谨，岂曰威福自恣，竭天下以奉一人哉。”[①] 马氏又言：“箕子武王，贤圣之人也。以贤圣与贤圣言，而其辞之严切如此，非盛德其孰能与于斯？此非三代以下所能梦见也。”此言不虚，若非民国，如方东美、马一浮这样的深识卓见恐怕终究无缘面世，只能石沉大海了。

另外，唐文治先生在《洪范大义》中认为，“此节言惟辟可以作福作威玉食，女则无有作福作威玉食。此箕子戒武王之辞，即以戒万世之人君也”。他详述道：

> 诗曰永言配命，自求多福。辟其可作福乎？书曰天明畏，自我民明威。又曰无依势作威。辟其可作威乎？论语言禹菲饮食，书言文王不遑暇食。辟其可玉食乎？然而惟辟作福，惟辟作威，惟辟玉食，洪范言之，后人传之，而专制之祸遂靡所底止者何也？其洪范之言有误乎？曰非误也，后世解洪范者之误也。盖臣无有作福作威玉食，乃箕子戒武王之辞也。考古时君臣之称，非必对于天子诸侯也，凡谦言者均自称

① 马一浮：《复性书院讲录》，浙江古籍出版社2012年版，第326页。

> 臣。……自后人解洪范误作君臣字解，以为惟君主可以作福作威玉食，而后世人辟乃作威福以临下，罔知戒惧。解经一字之误如此！然则本经之称臣者，犹之称汝称而也。至下文人用侧颇僻，乃指群臣而言；民用僭忒，乃指庶民而言。若谓臣无有作福作威玉食指群臣而言，则人用侧颇僻，其谓之何哉？呜呼！箕子之戒武王，力杜其作福作威玉食之萌，而为人上者且惟恐其不作福，惟恐其不作威，惟恐其不玉食，害家凶国，百世不能复。颇僻僭忒心术之害更流毒于无穷，岂不哀哉！吾特大声疾呼以正之！[①]

在唐文治先生看来，“古时君臣之称，非必对于天子诸侯也，凡谦言者均自称臣。”此处“臣”字并非特指诸侯臣下，而是直接面对武王不好直接称“汝”的正面规戒。唐氏甚至认为“礼运大同之学基于洪范”[②]。

《说文解字》：“辟，法也。……节制其罪也。”黄宗炎在《周易象辞》中说：“辟，刑法也，从名从辛，言正名其罪也。此字或转或借，凡五义五用：辟公百辟，谓惟辟作威，主刑法之人也；有罪所当辟除，辟字用之；刑者，人

① 唐文治：《洪范大义》（卷中），出版者不详，1922年序，第17—18页。

② 唐文治：《尚书大义内篇》，广文书局有限公司2013年版，第27页。另外，关于中国古代皇帝自称“臣某”的情况可参见〔日〕尾形勇：《中国古代的“家”与国家》，张鹤泉译，中华书局2010年版，第100—104页。

所宜逃辟也，避字用之；奇邪放辟，刑法所加也，僻字用之；圣王不忍以刑加民，必先委曲辟谕，详明其事，使不犯也，譬字用之。”黄宗炎认为“辟”字“或转或借”，有“五义五用”：辟、辟、避、僻、譬，但他自己似乎还是将“惟辟作威”解作“辟公百辟”之“辟”。笔者认为，除了把“辟”字作名词解，是否也可以当动词解作“避”？虽然《尚书·泰誓中》有“惟辟奉天”的用例，但“惟”字后面未必一定是名词，如“洪惟作威”(《泰誓下》)、“天惟丧殷”(《大诰》)等。从《康诰》《酒诰》《无逸》等篇内容来看，“作福作威玉食”当是天命有德君主深以为戒的行为。[1]

结语 《洪范》的深层结构

《慎子·威德》曰：“古者，立天子而贵之者，非以利一人也。曰：天下无一贵，则理无由通，通理以为天下也。故立天子以为天下，非立天下以为天子也；立国君以为国，非立国以为君也；立官长以为官，非立官以为长也。”[2]

---

① 值得留意的是，据目前研究，先秦文献未见有关《洪范》第六畴中“辟”“臣”相关文字的引文及阐释，两汉以后才出现相关引用和阐释。参见马士远：《周秦〈尚书〉学研究》，中华书局2008年版；《两汉〈尚书〉学研究》，中国社会科学出版社2014年版，第513、521、561、357、595、596、659页。

② 许富宏：《慎子集校集注》，中华书局2013年版，第16页。

将“惟辟作福，惟辟作威，惟辟玉食”之“辟”字解作“天子”或“君主”，将“皇极”解作“君极”，寄望明君再世，内圣外王，为万世师表，印证了专制主义唯一真正的理由：“统治者拥有神性的力量；只要实行专制，统治者或迟或早都要被尊为某方的神圣。”[①] 同样，将“皇极”解释为“大中”，笃信“心即理”或“人心惟危，道心惟微，惟精惟一，允执厥中”，过度自信也会导致刚愎自用，其结果不过只是“谋及乃心”而已。[②]

如果不是断章取义，而是从《洪范》整体结构及其九畴相互关系来看，其为“专制王权”张目之说便会不攻自破。《洪范》无疑属于人道大法中的“治天下之大法”，但此大法的宗旨不仅不是为了巩固“专制”，相反正是对现世君主专断权力的警戒与防范。洪范九畴源于“天地之大法”，乃是天、帝有条件之赐予，是对现世君主权力的规范，要求现世君主必须深谙自然之理（五行）。所谓“协用五纪”“念用庶征”，使此大法带有生态学意义上的天地大法的意味。如果说“敬用五事”“乂用三德”还只是君主自身道德层面的自我约束，而“农用八政”“建用皇极”则是权力分立、建章立制的制度建构。“明用稽疑”所

① 〔美〕C. H. 麦基文：《宪政古今》，翟小波译，贵州人民出版社2004年版，第26页。

② 关于将“皇极”解释为“君极”或“大中”可能导致的君主专制，参见邓国光：《康熙与乾隆的“皇极”汉、宋义的抉择及其实践——清代帝王经学初探》，《经学义理》，上海古籍出版社2011年版。

谓“汝则有大疑，谋及乃心，谋及卿士，谋及庶人，谋及卜筮”，更具有反对专断权力的现代法治精神，不仅反对君主专制（谋及乃心），也反对贵族专制（谋及卿士）、民主专制（谋及庶人），其宗旨在于承认人类理性之限度，明了天人之分，不卑不亢，与自然和谐相处。[①]英美传统自由主义所防范的君主专制，伯克所关心的“世袭贵族”与“自然贵族”问题，托克维尔、密尔忧虑的民主专制或社会专制都可以在此获得某种启示。亚当·斯密在《道德情操论》中论及斯多葛学派时曾言及神和人组成的共和政体，认为“行为的合宜性”是“神为了指导他的行动而给他规定的法则”。[②]《洪范》正是自觉生活于天地人网络之中的华夏先贤仰观天文，俯察地理，智周万物，道济天下，谋求长治久安的“治天下之大法”。

西方世界在教权、王权与封建领主、骑士阶层以及后来的第三等级相互作用下催生出《大宪章》（1215）、《权

① 梁启超在《古议院考》（1896）中曾言：“法先王者法其意，议院之名，古虽无之，若其意则在昔哲王所恃以均天下也。其在《易》曰：上下交泰，上下不交否。其在《书》曰：询谋佥同。又曰：谋及卿士，谋及庶人。其在《周官》曰：询事之朝，小司寇掌其政，以致万人而询焉。一曰询国危；二曰询国迁；三曰询立君。”依此，若将《洪范》第七畴“稽疑”之“谋及乃心，谋及卿士，谋及庶人，谋及卜筮”与第三畴“八政”合而观之，则华夏古代分权理论不止于立法、行政、司法三权而已，《洪范》对于警惕后世君主专政、贵族专政、民主专政乃至当今立法专权、行政专权、司法专权不无启迪。

② 参见〔英〕亚当·斯密：《道德情操论》，蒋自强等译，商务印书馆2003年版，第364页。

利法案》(1688)、《美利坚合众国宪法》(1787)、《人权宣言》(1789)这些“人道大法”,而中华大地屡遭兵燹,流血漂杵,经周武王、汉武帝之切问而有《洪范》《天人三策》以及《春秋》《周官》之作。然而,以朱子之博学审问、慎思明辨,却对“皇极”之诠释仅仅停留在后王“以身作则”之层面,对先王创业垂统,为万世开太平之好生之德无所继承和发扬,而一意切望“圣君”再世,不仅不能缓解宋王朝的内忧外患,更无法奢求解决后世废宰相、宦官专权、垂帘听政、三藩之乱、农民起义等制度性问题。《荀子》之“从道不从君”、《管子》之“令尊于君”、《韩非子》之“有度”,《淮南子》之“法籍礼仪者,所以禁君,使无擅断也”,黄宗羲“有治法而后有治人”之政治箴言空谷传响,知音难觅。秦汉以后之陋儒“每以媚皇帝之心理曲解经文”[①],道听途说,招摇过市,既不知“洪范”之本义,亦不解“皇极”之真谛,正所谓“政道陵夷”,数典忘祖,罪不可逭。

至于“寿”“富”“康宁”“攸好德”“考终命”之“向用五福”更体现出华夏先贤深思熟虑的幸福观[②],可以

① 熊十力:《论六经·中国历史讲话》,中国人民大学出版社2006年版,第30页。

② 德国学者鲍吾刚研究中国人的幸福观,虽然旁征博引,却未能论及古代中国重要的“五福”观念。参见〔德〕鲍吾刚:《中国人的幸福观》,严蓓雯等译,江苏人民出版社2004年版。

与当今联合国人类发展指数[①]相提并论，这里蕴含着现代人权（宪法权利）之生存权、财产权、自由权、社会权等文化基因和以民众幸福为导向的政道精神。“《鸿范》可以观度。”（《尚书大传·略说》）“疏通知远，《书》教也。”（《礼记·经解》）其言不诬。

① 由联合国开发计划署（United Nations Development Programme）编写的《人类发展报告》（*Human Development Report*），1990年开始出版，每年一册，讨论人类发展问题，认为人类发展本身就是扩大人们生活选择的过程。强调探讨人类发展问题应以人们的需求、愿望和能力为中心。每册最后部分提供“人类发展指数”（human development indicators）统计数据表格和各国人类发展指数（HDI: Human Development Index）排列名次。人类发展指数是一个综合了预期寿命、识字率、教育水平及人均收入等人类发展水平测量指标，1990年由巴基斯坦籍的经济学家赫布卜·乌·哈格所创设。另外，“五福”还可以与亚里士多德对“善”与“幸福”的论述相互比较：“我们大家可以确认各人所得幸福的分量，恰好应该相等于他的善德和明哲以及他所作善行和所显智慧的分量。”“世有三善：身外诸善、身体诸善、灵魂诸善。幸福生活重在灵魂诸善：城邦和个人相同，应各修四德（智、勇、礼、义）庶几可得真正的快乐。配备身外诸善（衣食所需）和身体诸善，而能勤修灵魂诸善，达成善业，这就是最优良的生活。”（〔古希腊〕亚里士多德：《政治学》，吴寿彭译，商务印书馆1965年版，第341、454页。）

第三章　天地人：远古中国的三才之道*

引言　关于“天人合一”说

两千年前董仲舒在《春秋繁露·深察名号》中说：“天人之际，合而为一。”千余年后，张载在《正蒙·乾称》中提出“天人合一”概念：“儒者则因明致诚，因诚致明，故天人合一。”[①] 两者前后相隔千载，各自表述略显差异，使“天人合一”说流传至今，成为理解中国传统文化的核心观念。[②] 张立文先生总结“道”之“八义”，认为

* 本章内容曾以《中国古典哲学中的“道”与“德”》为题，发表于“中国哲学与哲学史”国际研讨会（西安交通大学人文学院与国际中国哲学学会合办，2014年11月21日至23日·西安），2018年2月修订。

① ［宋］张载：《张载集》，中华书局1978年版，第65页。

② 有关二程“天人本不二，不必言合”“天地人只是一道也”，以及朱子“天人本只一理”、王守仁“心即天”“天地万物本吾一体也”等思想的论述，参见张立文：《中国哲学范畴发展史·天道篇》，中国人民大学出版社1988年版，第61—62页。

“它是由天道和人道诸要素组成的，是一个具有多层次、多结构的整体系统”。论说天（道）人（道）“相合”“相分”“交相胜，还相用”，但同时提醒：“仅以天人合一作为中国传统文化的特点或中国哲学范畴逻辑结构的特征，恐失之简单。”[①] 言之有故，促人深省。黑格尔的下述批评恐怕不仅适用于东方对“天人合一”的简单化理解，大概同样适用于西方化约论（Reductionism）的“理性”或“天启”理解：“在东方精神中，当反省和意识通过思想的作用而达到清晰的分辨和原则的规定时，这些范畴和明确的观念与实体即不能相结合。或者是取消一切特殊性而得到一个渺茫的无限——东方的崇高境界。或者是当认识到确定地自身建立的东西时，所得到的只是一个枯燥的、形式理智的、没有灵性的知解，这种知解并不能进而取得思辨的概念。这种有限的事物要达到真实的本体，只有没入本体才可能。若和本体分离，有限的就成为僵死的、干枯的。在东方人那里我们只看到枯燥的理智，像旧式的乌尔夫逻辑一样，单是范畴的罗列。”[②] 不过，张载虽然是“天人合一”一词的发明者，但《正蒙·乾称》在该词出现之前却多处使用“乾坤”“阴阳”“天地”等概念：

① 张立文：《中国哲学范畴发展史·天道篇》，中国人民大学出版社1988年版，第48—50页。

② 〔德〕黑格尔：《哲学史讲演录》（第一卷），贺麟、王太庆等译，上海人民出版社2013年版，第115—116页。

“乾称父，坤称母；予兹邈焉，乃混然中处。故天地之塞，吾其体；天地之率，吾其性。民吾同胞，物吾与也。”“天性，乾坤、阴阳也，二端故有感，本一故能合。天地生万物，所受虽不同，皆无须臾之不感，所谓性即天道也。”[①] 他还在《正蒙·大易》中阐述“三才”之义：“易一物而合三才：阴阳气也，而谓之天；刚柔质也，而谓之地；仁义德也，而谓之人。……一物而两体，其太极之谓与！阴阳天道，象之成也；刚柔地道，法之效也；仁义人道，性之立也。三才两之，莫不有乾坤之道。”[②]

“天人合一”说涉及“道”与“德”之内涵及其相互关系。汉语“道德”二字，既能合而言之，亦可分而释之，意蕴深厚，韵味无穷。现代汉语“道德”两字，虽然与亚里士多德《尼各马可伦理学》或亚当·斯密《道德情操论》中的道德伦理概念未必没有相通之处，但中国古典哲学中的“道”与“德”具有独特的内涵，孔子“志于道，据于德”，孟子“尊德乐道”，庄子“德兼于道”等表述，今人耳熟能详。有关两者内涵及其相互关系，古人前赴后继，增益其义；后人探赜索隐，阐释发挥。笔者不揣固陋，参考前人业绩，尝试分析古典中国的“道”与“德”之哲学内涵及其内在关系，思考中国道德哲学之起源及其特质。

① ［宋］张载：《张载集》，中华书局1978年版，第62—63页。

② 同上书，第48—49页。

一、“三才之道”“天地之道”“天地之大德”

张载提出“天人合一”命题，是建立在“天地”收敛为“天”这一概念前提之下，如此简化的结果使后人将思考范围局限于“天（道）”“人（道）”两者关系而遗忘中国哲学史上出现过的“地道”“地德”“三才”“三极”“天地人”等概念范畴的重要意义，其中隐含的思想断裂有待今人深入省察。张岱年先生主编的《中国哲学大辞典》中有“天道与人道”及“天道”“人道”“天德”词条，但没有“地道”“地德”词条。在“天道与人道”词条中有如下表述：“因考虑天道与地道都是指客观事或物，属于客体范围，所以将地道合于天道，而不独立地道。”[①]《易·系辞下》提出天道、地道、人道所谓“三才之道”：

> 易之为书也，广大悉备，有天道焉，有人道焉，有地道焉。兼三才而两之，故六；六者非它也，三才之道也。

《易·说卦》不仅解释“六画而成卦”的缘由，而且

① 张岱年主编：《中国哲学大辞典》，上海辞书出版社2010年版，第23页。

阐明天道、地道、人道“三才而两之”的内涵：

> 昔者圣人之作易也，将以顺性命之理。是以立天之道，曰阴与阳；立地之道，曰柔与刚；立人之道，曰仁与义。兼三才而两之，故易六画而成卦。分阴分阳，迭用柔刚，故易六位而成章。

阴阳、柔刚、仁义表明天道、地道、人道的各自特性。“天道下济而光明，地道卑而上行。天道亏盈而益谦，地道变盈而流谦，鬼神害盈而福谦，人道恶盈而好谦。谦，尊而光，卑而不可逾，君子之终也。”（《易·谦·彖传》）《子夏易传》[①] 卷一“上经乾传第一”中解释“天道”“地道”“人道”的各自功用：“地道以上为用，承天以布生也；天道以下为用，资始而流形于下也。三履于地，守得其处，人道之安，据众之所也。”同书卷二“上经泰传第二”阐述“天之道”“地之道”之特性与“人道”之当为：“天之道寒暑日月也，盈则亏之，损则益之；地之道山川丘陵谷也，高则倾之，卑则受之。鬼神依人，谦则福之，盈则祸之。人道恶盈，盈则慢之，以人恶己，谦则下人，故人好也，尊

① 关于《子夏易传》的真伪问题可参阅刘大钧：《今、古文易学流变述略——兼论〈子夏易传〉真伪》，《周易研究》2006年6期。该文认为：“若以今本与近年出土之上博楚竹书《周易》及马王堆帛书《易经》及其他古籍对比而考察《子夏易传》之文字，更可知其确为学有渊源的先秦古《易》传本无疑也。”

而谦之，益光大矣，卑而谦之，人莫之逾，君子所以保终也。”李鼎祚《周易集解》卷十七引述崔憬对“三才两体之义”的解释：“故先明天道既立阴阳，地道又立刚柔，人道亦立仁义，以明之也。何则？在天虽刚亦有柔德，在地虽柔亦有刚德，故《书》曰：沉潜刚克，高明柔克。人禀天地，岂可不兼仁义乎？所以易道兼之矣。”[①] 以上可见天道、地道、人道以及阴阳、柔刚、仁义等观念一直是易学诠释的中心问题。[②]

上段文字言道皆以天道、地道、人道并举，即所谓“三才之道”，可与下面“三度”“三常”“天地人”等观念互相印证。《管子》有“三度”“三常”之说：“所谓三度者何？曰：上度之天祥，下度之地宜，中度之人顺，此所谓三度。故曰：天时不祥，则有水旱；地道不宜，则有饥馑；人道不顺，则有祸乱。此三者之来也，政召之。”（《管子·五辅》）“天有常象，地有常刑，人有常礼，一设而不更，此谓三常。”（《管子·君臣上》）[③]《文子》托老子之口论及天、地、人三者各自特性：“天爱其精，地爱其平，人爱其情。天之精，日月星辰雷霆风雨也。地之平，水火

---

① ［唐］李鼎祚：《周易集解》，王丰先点校，中华书局2016年版，第503页。

② 关于“天地”“乾坤”以及“天道”“地道”的内涵，成中英先生在《〈周易〉天地的探索》一文中以《〈周易〉天地的精神内涵》为题有过引申和阐发，参见成中英：《易学本体论》，北京大学出版社2006年版，第317—318页。

③ ［清］黎翔凤：《管子校注》（上、中），中华书局2004年版，第199、550页。

金木土也。人之情，思虑聪明喜怒也。”①《黄帝四经》中也多处出现天、地、人并举的语句：“王天［下］者之道，有天焉，有人焉，又［有］地焉。参［三］者参用之，［然后］而有天下矣。”“天制寒暑，地制高下，人制取予。”②《慎子》曰：“天有明，不忧人之暗也；地有财，不忧人之贫也；圣人有德，不忧人之危也。”③《淮南子》曰：“夫天不定，日月无所载；地不定，草木无所植；所立于身者不宁，是非无所形。是故有真人然后有真知。”④《抱朴子》亦曰：“道起于一，其贵无偶，各居一处，以象天地人，故曰三一也。天得一以清，地得一以宁，人得一以生，神得一以灵。”⑤

《孔子家语·哀公问政第十七》曰：“天道敏生，人道敏政，地道敏树。”人道居于天道与地道之间，三者各有特点与擅长。《中庸》虽然没有出现“天道”一词，但却将“人道”与“地道”并论：“人道敏政，地道敏树。”而且反复强调“天地”与“天地之道”的观念，盛赞“天地之大”与“天地之道”：“致中和，天地位焉，万物育焉。”“天地之大也，人犹有所憾。”“君子之道，造端乎夫妇，及其至

① 王利器：《文子疏义》，中华书局2009年版，第413页。《淮南子·本经训》中有几乎相同的文句。

② 余明光：《黄帝四经新注新译》，岳麓书社2016年版，第80、244页。

③ 许富宏：《慎子集校集注》，中华书局2013年版，第2—3页。

④ 刘文典：《淮南鸿烈集解》（上），中华书局2013年版，第70页。

⑤ 王明：《抱朴子内篇校释》（增订本），中华书局1985年版，第323页。

也，察乎天地。”并揭示“天地之道”的深刻内涵：

> 博厚配地，高明配天，悠久无疆。如此者，不见而章，不动而变，无为而成。天地之道，可一言而尽也。其为物不贰，则其生物不测。天地之道：博也，厚也，高也，明也，悠也，久也。今夫天，斯昭昭之多，及其无穷也，日月星辰系焉，万物覆焉。今夫地，一撮土之多，及其广厚，载华岳而不重，振河海而不泄，万物载焉。

推敲上述文字，可以理解天地不同的性质与功用：“博厚配地，高明配天”；“今夫天，斯昭昭之多，及其无穷也，日月星辰系焉，万物覆焉。今夫地，一撮土之多，及其广厚，载华岳而不重，振河海而不泄，万物载焉”。这与《周易》乾卦“天行健”“自强不息”，坤卦“地势坤”“厚德载物”的思想一脉相承。只有参悟“天地之道”，才能理解贯通天、地、人的“三才之道”：

> 仲尼祖述尧舜，宪章文武，上律天时，下袭水土。辟如天地之无不持载，无不覆帱，辟如四时之错行，如日月之代明。万物并育而不相害，道并行而不相悖，小德川流，大德敦化，此天地之所以为大也。

“天地”两字并言的现象在中国哲学思想史上俯拾即是：“大乐与天地同和，大礼与天地同节。”“乐者，天地之和也。礼者，天地之序也。和故百物皆化，序故群物皆别。乐由天作，礼以地制。过制则乱，过作则暴。明于天地，然后能兴礼乐也。”“天地之道，寒暑不时则疾，风雨不节则饥。教者，民之寒暑也，教不时则伤世。”（《礼记·乐记》）“天地合而后万物兴焉。”（《礼记·郊特牲》）“昔者，圣人建阴阳天地之情，立以为易。”（《礼记·祭义》）“天地与我并生，而万物与我为一。”（《庄子·齐物论》）

“天”“地”二字对言的现象在先秦及以后的历史文献中也屡见不鲜：“天有三辰，地有五行。”（《左传·昭公三十二年》）“在天成象，在地成形，如此，则礼者天地之别也。”（《礼记·乐记》）“天不变其常，地不易其则，春秋冬夏不更其节，古今一也。”（《管子·形势》）“天者，万物所以得立也；地者，万物所以得安也。故天定之，地处之，时发之，物受之，圣人象之。”（《鹖冠子·道端》）“故其得道以立者，地能立之；其得道以仆者，地弗能立也；其得道以安者，地能安之；其得道以危者，地弗能安也。其得道以生者，天能生之；其得道以死者，天弗能生也。其得道以存者，天能存之；其得道以亡者，天弗能存也。”（《鹖冠子·能天》）“诸阳者法天，天贵正，过正曰诡……诸阴者法地，地［之］德安徐正静，柔节先定，善予不争。”（《黄帝四经·称》）

与“天地之道”的观念相呼应，《易·系辞下》第一章表明“天地之大德曰生”的思想及其与圣人、仁、义之间的相互关系：“天地之大德曰生，圣人之大宝曰位。何以守位曰仁。何以聚人曰财。理财正辞，禁民为非曰义。”《易·系辞上》第五章阐发了阴阳互补，道、善、性、仁、知、德相互贯通，且以“生生”之“易”为其根基的思想：

一阴一阳之谓道，继之者善也，成之者性也。仁者见之谓之仁，知者见之谓之知，百姓日用不知；故君子之道鲜矣！显诸仁，藏诸用，鼓万物而不与圣人同忧，盛德大业至矣哉！富有之谓大业，日新之谓盛德。生生之谓易，成象之谓乾，效法之谓坤，极数知来之谓占，通变之谓事，阴阳不测之谓神。

二、天道/天德、地道/地德、人道/人德

《大戴礼记·四代》云：“有天德，有地德，有人德，此谓三德。”又言：“天道以视，地道以履，人道以稽。”《大戴礼记·虞戴德》中“天事”“地事”“人事”或“昭天”“作地”“兴民”等表述也是天道/天德、地道/地德、人道/人德双双对应的关系。值得留意的是这种天道/天德、地道/地德、人道/人德的观念在董仲舒《春秋繁露》中也得到完整的保留：“天地与人，三而成德。”（《官制象

天第二十四》）“天德施，地德化，人德义。天气上，地气下，人气在其间。春生夏长，百物以兴；秋杀冬收，百物以藏。故莫精于气，莫富于地，莫神于天。天地之精所以生物者，莫贵于人。人受命乎天也，故超然有以倚；物疢疾莫能为仁义，唯人独能为仁义；物疢疾莫能偶天地，唯人独能偶天地。”（《人副天数第五十六》）“天道施，地道化，人道义。圣人见端而知本，精之至也；得一而应万，类之治也。”（《天道施第八十二》）

与“三才之道”“天地之道”概念不同，也有单言“天道”或“天之道”者：“天道皇皇，日月以为常，明者以为法，微者则是行。”（《国语·越语下》）“盈必毁，天之道也。”（《左传·哀公十一年》）“礼以顺天，天之道也。”（《左传·文公十五年》）“忠信笃敬，上下同之，天之道也。”（《左传·襄公十二年》）“天道无亲，唯德是授。”（《国语·晋语》）也有单言“地”或“地道”者：“地者，万物之本原，诸生之根菀也。”（《管子·水地》）《管子》中其他篇章如《度地》《地员》《地数》等可以说皆关乎现实世界中的“地道”。《易·坤·文言》言“坤道”“地道”较详：“坤至柔而动也刚，至静而德方。后得主而有常，含万物而化光。坤道其顺乎，承天而时行。”“直，其正也；方，其义也。君子敬以直内，义以方外，敬义立而德不孤。直、方、大，不习无不利，则不疑其所行也。”“阴虽有美，含之以从王事，弗敢成也。地道也，妻道也，臣道也。地道无成，而代有终也。”

老子以“天之道”与“人之道”对言，论说“有道者”之圣人矫治人道偏颇的功能与作用：“天之道，损有余而补不足；人之道，则不然，损不足以奉有余。孰能有余以奉天下？唯有道者。是以圣人为而不恃，功成而不处，其不欲见贤。”①

孔子不同于老庄的地方在于他早年很少提及天道：“夫子之言性与天道，不可得而闻也。”（《论语·公冶长》）“人能弘道，非道弘人。”（《论语·卫灵公》）孔子隐约流露出的“天人之分”的思想被荀子继承并发扬光大：“明于天人之分，可谓至人矣。”（《荀子·天论》）“道者，非天之道，非地之道，人之所以道也。”（《荀子·儒效》）其他如“天道远，人道迩”（《左传·昭公十八年》）、“天道无亲，唯德是授”（《国语·晋语》）等表述与此异曲同工。但《荀子》中仍然保留着天、地、人这样的思维结构，比如：“天有其时，地有其财，人有其治，夫是之谓能参。”（《荀子·天论》）“天不为人之恶寒也辍冬，地不为人之恶辽远也辍广，君子不为小人之匈匈也辍行。天有常道矣，地有常数矣，君子有常体矣。”（《荀子·天论》）

“三才之道”“天地之道”“天道”“地道”“人道”概念范畴流变演化的过程，也是“天德”“地德”“人德”概

---

① ［魏］王弼：《老子道德经注校释》，楼宇烈校释，中华书局2008年版，第186页。本书所引《道德经》均出自该书，此后不再一一注明。

念范畴诞生、发展、演变的过程。张立文先生通过文字训诂追溯“道”与“德”的原初含义：“如果道是由足践蹈出的道路，并成为人到达某一目的地的必经的路线，人便要照着这条有确定指向的道路走，才不会走错道路，为了不致走错道路，人需要用眼睛看着路走，不能闭着眼睛走路，这便是德。”[①]林安梧先生从“儒道同源互补的义理”阐释了“道”与“德”之间的紧密关系。[②]这些都关涉到“天德”“地德”“人德”等观念范畴。关于郭店楚简《五行》篇“德，天道也”之内涵，庞朴先生说：“这个德，从‘人’这一方面看，是人对天道的‘得’，得天道于人心，所以叫做‘德’；若从‘天’那一方面看，则是天道在人心中找到了自己的形式，通过人心将自己最终完成；所以说：‘德，天道也。’”[③]从以上考察来看，仅以“天道”释“德”，是过于笼统的，不足以充分展示“德”之种种面向及其内涵。要把握“德”之深厚内涵，笔者认为必须从“天德”“地德”“人德”概念的不同侧面着眼，并与“天道”“地道”“人道”概念相互对照、阐释、体认。而这又与《周易》乾坤两卦的理解直接相关。

《温公易说》卷一中认为“自强法天，厚德法地”，乾

① 张立文：《中国哲学思潮发展史》，人民出版社2014年版，第101页。

② 林安梧：《“道”“德”释义：儒道同源互补的义理阐述——以〈老子道德经〉“道生之，德蓄之”暨〈论语〉“志于道，据于德”为核心的展开》，《鹅湖》第28卷10期（总号334号），2003年4月。

③ 转引自余英时：《论天人之际》，中华书局2014年版，第176页。

坤二象乃“道德之关枢”：“乾之象曰自强不息；坤之象曰厚德载物。何也？曰：强者勉之谓也，载者安济之谓也。君子自强法天，厚德法地，德不厚则物不得而济也。是故自强不息则道无不臻，厚德而载，则物无不济。夫乾坤者，易之门户；二象者，道德之关枢也。”[①] 冯椅《厚斋易学》卷四十三认识到乾坤之“广大”与天地之德相匹配，而人道居于天地之间：“乾大坤广，故易为广大。广配地，大配天。以言乎远，谓天也，天之行健，故不可御；以言乎迩，谓地也，地德直方，故静而正；以言乎天地之间，则人道也。”[②] 胡瑗所述《周易口义》卷一言“地之为德”及“地道大终之义”：“地道无成而代有终也者，言地之为德必待天之气至，然后发之以赞，成天之生育之德，是得其地道大终之义也。”[③] 魏荔彤《大易通解》卷一阐发乾坤相依、“天地合德”以及天德、地德相辅相成的关系：“乾无外，故曰大；坤有极，故曰至。资生者即以乾之资始者资生也，故曰顺承乎天，顺承乎统天者也。统天者贯坤，地之上下四旁无非此乾元所贯，坤元所至，皆乾元所贯耳，故天地合德而生万物。天覆于上，地载于下，生物之无疆，即天

① ［宋］司马光：《温公易说》，《温公易说 横渠易说》，上海古籍出版社1989年版，第9页。

② ［宋］冯椅：《厚斋易学》（二十），王云五主编：《四库全书珍本初集》，台湾商务印书馆1969年版，第34页。

③ ［宋］胡瑗：《周易口义》（一），王云五主编：《四库全书珍本三集》，台湾商务印书馆1972年版，第56页。

德也；坤德之合乾而以为无疆也，在坤言之则云合天之德，然言无疆，正配天之不息矣。此地德之元也。”[①]《日讲易经解义》卷二解释“地势坤，君子以厚德载物”，论说“地德至顺至厚”“兼容并生而无有不育”，揭示“人之德不厚，斯载万民不胜其劳”之理：“此《象传》是言君子法地德之厚也。天以气运，故曰行；地以形载，故曰势。孔子释坤《象》曰：坤之象为地。此卦上下皆坤，是地德至顺且厚，故其形势高下相因，愈远而愈无极也。君子体坤之象，知地之德不厚，斯载万物不胜其重；人之德不厚，斯载万民不胜其劳。所以内而与含弘者同体，则积极其厚。举凡地之所载，皆兼容并生而无有不育焉。”[②]

以上各家对乾坤两卦的阐发可谓淋漓尽致，由此可见中国先贤对天道/天德、地道/地德、人道/人德之蕴含皆有深入细微的体会和认识。如果说西方古典自由主义与通识教育的精髓不外“进取”与“宽容”两者之相济相生，那么乾坤两卦所代表的“自强不息”与“厚德载物”正是这种古典自由精神的完美诠释。[③]

① [清]魏荔彤：《大易通解》(二)，王云五主编：《四库全书珍本初集》，台湾商务印书馆1969年版，第51页。

② [清]牛钮、孙在丰等：《日讲易经解义》，中央编译出版社2013年版，第44页。

③ 虽说狄百瑞（William Theodore de Bary）教授开创了中国古典自由主义传统研究之先河，但由于其研究范围局限于宋明以后，对中国古典意义上自由传统的发掘还有待拓展深入。参见狄百瑞：《中国的自由传统》，李弘祺译，香港中文大学出版社1983年版。

三、"道"与"德"之内在关系

关于"道"与"德"之内在关系，《管子·心术上》有曰："德者，道之舍，物得以生生，知得以职道之精。故德者，得也。得也者，其谓所得以然也。以无为之谓道，舍之之谓德。故道之与德无间，故言之者不别也。间之理者，谓其所以舍也。"[①]"道之与德无间"，"言之者不别"，而有意区别两者，只是为了理解"德"为"道之舍"之理由。

《礼记·礼运》："故人者，其天地之德，阴阳之交，鬼神之会，五行之秀气也。"又说："故圣人作则，必以天地为本，以阴阳为端，以四时为柄，以日星为纪，月以为量，鬼神以为徒，五行以为质，礼义以为器，人情以为田，四灵以为畜。"天地为本，人是天地之德的体现，只有"至德"才能成就"至道"："大哉圣人之道！洋洋乎！发育万物，峻极于天。优优大哉！礼仪三百，威仪三千。待其人而后行。故曰苟不至德，至道不凝焉。"（《中庸·第二十七章》）

《道德经·第五十一章》也揭示了"道"与"德"之间的内在关系："道生之，德畜之，物形之，势成之。是以万物莫不尊道而贵德。道之尊，德之贵，夫莫之命而常自然。故

① ［清］黎翔凤：《管子校注》（中），中华书局2004年版，第770页。

道生之，德畜之，长之育之，亭之毒之，养之覆之。生而不有，为而不恃，长而不宰。是谓玄德。”庄子亦言：“物得以生谓之德。”“形非道不生，生非德不明。”（《庄子·天地》）并以德、道、仁、义并举：“夫德，和也。道，理也。德无不容，仁也。道无不理，义也。”（《庄子·缮性》）

《周易》乾坤《象传》所谓“天行健，君子以自强不息”“地势坤，君子以厚德载物”“与天地合其德”“德合无疆”等表述都揭示出道与德之间不即不离的关系。因而，“达道”与“达德”的并举便顺理成章：“天下之达道五，所以行之者三：曰君臣也，父子也，夫妇也，昆弟也，朋友之交也：五者天下之达道也。知、仁、勇三者，天下之达德也，所以行之者一也。”（《中庸·第二十章》）

不过，需要留意的是《中庸》“达道”与“达德”的表述已经属于“人道”与“人德”概念范畴了。[①] 与此同时，“三德”“四德”“五德”“六德”“七德”“九德”“十德”“十一德”“十二德”等相互交叉或内容各异的“德行”或“德性”名目，[②] 显示出中国古典哲学深厚的“道—

① “在轴心突破以前，‘天人合一’完全仰赖巫作中介，以建立‘人’‘神’之间的交通管道。但在轴心突破以后，哲学家（或思想家）则必须依靠自己的能力与‘道’合一，在这个新系统中，巫已不能发生任何作用了。”（余英时：《论天人之际》，中华书局2014年版，第171页。）

② 参见陈来：《古代思想文化的世界》，生活·读书·新知三联书店2009年版，第340页；氏著：《古代宗教与伦理》，生活·读书·新知三联书店2009年版，第334—335页；郑开：《德礼之间》，生活·读书·新知三联书店2009年版，第338页。

德”渊源。

结语　“天人合一”抑或“天地人合一”？

“天人合一”观念的诞生流变使后人遗忘了中国思想史上“地道”“地德”“三才”“三极”等重要概念范畴，从而影响到后世思维观念上的简单划一。关于“地道”的消亡，有学者认为自董仲舒提出“天有五行”之后，“五行”就已经“兼并”于“天道”，“地道”的意义和地位亦随之削弱，乃至逐渐消亡了。[①]

洪范九畴何以说“初一曰五行”？笔者揣测背后是否有“人法地，地法天，天法道”的逻辑顺序，因为五行象征着“地道”的某些特点，所谓五行相生相克正是地道“刚柔”相互作用的结果。《黄帝四经·君正》曰：“人之本在地。”《管子·问第二十四》曰：“理国之道，地德为首。”[②] 只有深入体会“三才之道”中的“地道”，重新发掘“地道博厚”“无不包容”的“地德”精神，洪范九畴才能稳如泰山，“皇极”才能得以“皇建”，从而实现“敛时五福，用敷锡厥庶民”。

余英时先生曾有这样的感叹：“基本上中国近百年来是以‘变’：变革、变动、革命作为基本价值的。并不是

① 参见郑开：《德礼之间》，生活·读书·新知三联书店2009年版，第436页。

② ［清］黎翔凤：《管子校注》（上），中华书局2004年版，第498页。

像西方般有一个基本系统（system）在那里，有些人要保守它多少，有的人要改变它多少。不是这样一个问题，而是中国在现实上找不到一个体制、系统，可以使大家安定下来。”[①] 造成上述妄自菲薄、自断本根、痴迷主义而内心无主状态的原因当然是多方面的，但思想观念上地道与地德精神的丧失或许是造成学术言论上思想僵化、万马齐喑；政治上党同伐异、唯我独尊；经济上资源垄断、排斥异己等现象的精神心理因素之一。

变动不居的政治生态使昔日黎民百姓乃至统治者自身时刻处于防不胜防的焦虑不安之中，汲汲于政治权力的拼杀争夺，鼠目寸光，无暇考虑长治久安的政道大法。“中国的文化生命，在其发展中，只在向上方面撑开了，即只在向上方面大开大合而彰著了本源一形态，而未在向下方面撑开，即未在下方再转出一个大开大合而彰著出属于末的‘知性形态’与国家政治法律方面的‘客观实践形态’。中国文化生命迤逦下来，一切毛病与苦难，都从这里得其了解。”[②]一味追求向上的天人合一境界，仰望星空，徒慕高远，而忘却博厚宽广、承载万物的大地精神，不能洞悉“天道敏生，人道敏政，地道敏树”之深意，缺乏疏通知远的政治智慧，于关乎国泰民安之政道皇极无所措

① 余英时：《现代儒学的回顾与展望》，生活·读书·新知三联书店2004年版，第17页。

② 牟宗三：《历史哲学》，吉林出版集团有限责任公司2010年版，第173页。

意，其文化上的深层原因在于不能领会地道（地德）的根本精神。吴桂森《周易像象述》卷九言及“天地人合一”一词以及“三极之道”：

> 此一动也，适合乎天道之当然，地道之当然，人道之当然，这是易之动。故曰三极之道也。盖动而适当其时，则刚柔俱妙，进退俱宜，此天地人合一处，道理至极处，故谓之三极。①

“天人合一”抑或“天地人合一”，还须后人博学审问，慎思明辨，观想领悟。“易学”之为“绝学”，亦非空穴来风。

① ［明］吴桂森：《周易像象述》（九），王云五主编：《四库全书珍本初集》，台湾商务印书馆1969年版，第7页。

第四章 “物必有合”：董仲舒政治哲学再探讨*

千秋董夫子，后人误解深；
凡物必有合，本乃天地人。
深谙秦政酷，力陈教化因；
王道之三纲，谁能解其纷？

——乙未仲春谒董子祠

关于董仲舒的政治哲学，目前学界多集中在“天人感应”“春秋大一统”“三纲五常”“罢黜百家，独尊儒术”“屈君伸天，屈民伸君”等方面的论述。本章试图发掘董仲舒政治哲学的深层根基，考察其政治哲学对“物

* 本章内容最早发表于《董仲舒与儒学研究》第四辑（巴蜀书社2015年版），2018年2月修订。

必有合”、三才之道、万物之本等观念的继承、发展和转换，探讨中国古典政治哲学根本问题，并思考其现代意义。

一、“王道之三纲”与“《春秋》之法”

有关董仲舒所言“三纲”的内涵，《春秋繁露》[①] 中有“大纲”“三纲五纪”“王道之三纲”等表述：

> 若夫大纲，人伦道理，政治教化，习俗文义尽如故，亦何改哉！故王者有改制之名，无易道之实。（《楚庄王第一》）
>
> 循三纲五纪，通八端之理，忠信而博爱，敦厚而好礼，乃可谓善，此圣人之善也。（《深察名号第三十五》）
>
> 天为君而覆露之，地为臣而持载之。阳为夫而生之，阴为妇而助之；春为父而生之，夏为子而养之，秋为死而棺之，冬为痛而丧之。王道之三纲，可求于天。天出阳为暖以生之，地出阴为清以成之。（《基义第五十三》）

---

① 《春秋繁露》，张世亮、钟肇鹏、周桂钿译注，中华书局2012年版。本章所引《春秋繁露》均出自该书，此后不再一一注明。

以“天地”比附君臣，以“阴阳”比附夫妇，以“春夏”比附父子，这三种相互依赖的人际关系，构成“王道之三纲”。如果不带任何先入之见，单从上述三段引文的上下文及其文章脉络来看，很难断定《春秋繁露》中出现的“三纲”与所谓“君为臣纲，父为子纲，夫为妻纲”有任何关系。《白虎通》与《春秋繁露》中“三纲五纪”的表述不同，出现“三纲六纪”的说法，并引用《含文嘉》所谓“君为臣纲，父为子纲，夫为妻纲”这一表述，并说：“纲者，张也。纪者，理也。大者为纲，小者为纪。所以张理上下，整齐人道也。”但是，如此“总论纲纪”之后，却如下阐释“三纲之义”：

> 君臣、父子、夫妇，六人也。所以称三纲何？一阴一阳之道，阳得阴而成，阴得阳而序，刚柔相配，故六人为三纲。[①]

又论“纲纪所法”，阐释“三纲法天地人”之内涵：

> 君臣法天，取象日月屈信，归功天也。父子法地，取象五行转相生也。夫妇法人，取象人合阴阳，有施

---

① ［清］陈立：《白虎通疏证》（上），中华书局1994年版，第374页。

化端也。[①]

以“阴阳”“刚柔”“天地人”阐释三纲之义，并且强调“六人为三纲”，这与一方绝对服从另一方意义上的“三纲”有显著差异，此处若以“君为臣纲，父为子纲，夫为妻纲”解释三纲之义，就不会是“六人为三纲”，而为“三人为三纲”，即“君父夫”各为“臣子妻”之纲了，于理不通。宋代开始流传于中国民间的启蒙读物《三字经》对“三纲”的解释简单明了：“三纲者，君臣义，父子亲，夫妇顺。”并且前面一句是“三才者，天地人。三光者，日月星。”这些不见经传、流传于民间父老之口的“三纲”之义，也许更接近被后世腐儒所玷污的“三纲”本义。《孟子·滕文公上》曰：“父子有亲，君臣有义，夫妇有别，长幼有序，朋友有信。”《中庸·第二十章》亦曰：“天下之达道五，所以行之者三：曰君臣也，父子也，夫妇也，昆弟也，朋友之交也，五者天下之达道也。”都是双方互相依存，共同成就一种“抽象理想最高之境”[②]。熊十力先生认为“《中庸》为演《易》之书”[③]，若此判断无误，则“三纲”与易道乾坤阴阳之说直接相关，绝非一方压倒另一

① ［清］陈立：《白虎通疏证》（上），中华书局1994年版，第375页。

② 陈寅恪：《王观堂先生挽词》，《陈寅恪集·诗集》，生活·读书·新知三联书店2011年版，第12页。

③ 熊十力：《论六经·中国历史讲话》，中国人民大学出版社2006年版，第24页。

方的单项服从关系。“自三纲之说出，只以父子说成名教关系，而性情之真乃戕贼无余矣。古义，妻者齐也，妇者匹也，夫妇平等昭然矣。令以尊夫者配合于尊君，又何理欤？”[①]“妻者齐也”出自《白虎通》：“妻者，齐也，与夫齐体。自天子下至庶人，其义一也。”[②]熊先生甚至怀疑《系辞传》“天尊地卑”之说亦有背易理：“余窃怪《系辞传》开宗明义云：‘天尊地卑，乾坤定矣。卑高以陈，贵贱位矣。动静有常，刚柔断矣。’此数语者，显然背叛《易》义。古之数术家以天或君皆为《乾》之象，地或臣民皆为《坤》之象。其言天尊地卑者，即谓君居上位为至尊，而臣民卑下也。此必非圣人之言，《论语·里仁篇》：‘定公问君使臣，臣事君，如之何？孔子对曰：‘君使臣以礼，臣事君以忠。’详玩孔子之意，则君与臣在人格与道义上纯属平等。君不以礼使臣，则臣当反抗无道之君，不以奴颜婢膝为忠也，何至以君尊臣卑为一定之分乎？”[③]

不容否认，《春秋繁露》中确有“以人随君，以君随天”等说法，不过这不应是“王道之三纲”的本义，而是作为其衍生意义上的《春秋》之法或《春秋》之义：

---

① 熊十力：《论六经·中国历史讲话》，中国人民大学出版社2006年版，第106页。

② ［清］陈立：《白虎通疏证》（下），中华书局1994年版，第490页。

③ 熊十力：《原儒》，中国人民大学出版社2006年版，第69—70页。

《春秋》之法：以人随君，以君随天。曰：缘民臣之心，不可一日无君。一日不可无君，而犹三年称子者，为君心之未当立也，此非以人随君耶？孝子之心，三年不当，而逾年即位者，与天数俱终始也，此非以君随天邪？故屈民而伸君，屈君而伸天，《春秋》之大义也。(《玉杯第二》)

应该看到，董仲舒虽强调《春秋》大义，但并非主张绝对服从：“是故虽有至贤，能为君亲含容其恶，不能为君亲令无恶。……父不父则子不子，君不君则臣不臣耳。”(《玉杯第二》) 这与孔子“君君臣臣父父子子”(《论语·颜渊》) 的思想一脉相承。另外，董子所谓“阳尊阴卑”(《阳尊阴卑第四十三》) 也是相对而言的：“丈夫虽贱皆为阳，妇人虽贵皆为阴。阴之中亦相为阴，阳之中亦相为阳。诸在上者皆为其下阳，诸在下者皆为其上阴。”即是说不仅阳中有阴阳，阴中亦有阴阳，以此类推，则阴阳无所穷尽，皆相对而言。其背后隐含着功能性的考量：“是故《春秋》君不名恶，臣不名善，善皆归于君，恶皆归于臣。……是故孝子之行、忠臣之义，皆法于地也。地事天也，犹下之事上也。”这种“人主”与“人臣”的职能定位，在下述文字中表现得淋漓尽致：

故为人主者法天之行，是故内深藏，所以为神；

外博观，所以为明也；任群贤，所以为受成；乃不自劳于事，所以为尊也；泛爱群生，不以喜怒赏罚，所以为仁也。故为人主者，以无为为道，以不私为宝。立无为之位而乘备具之官，足不自动而相者导进，口不自言而摈者赞辞，心不自虑而群臣效当，故莫见其为之而功成矣。此人主所以法天之行也。为人臣者法地之道，暴其形，出其情以示人，高下、险易、坚奥、刚柔、肥臞、美恶，累可就财也。故其形宜不宜，可得而财也。为人臣者，比地贵信而悉见其情于主，主亦得而财之，故王道威而不失。为人臣常竭情悉力而见其短长，使主上得而器使之，而犹地之竭竟其情也，故其形宜可得而财也。(《离合根第十八》)

"为人主者法天之行"，"为人臣者法地之道"，即是所谓"天地之行"：

天高其位而下其施，藏其形而见其光，序列星而近至精，考阴阳而降霜露。……为人君者，其法取象于天。……地卑其位而上其气，暴其形而著其情，受其死而献其生，成其事而归其功。……为人臣者，其法取象于地。……君明，臣蒙其恩，若心之神，而体得以全；臣贤，君蒙其功，若形体之静，而

> 心得以安。上乱，下被其患，若耳目不聪明，而手足为伤也；臣不忠，而君灭亡，若形体妄动，而心为之丧。是故君臣之礼，若心之与体；心不可以不坚，君不可以不贤；体不可以不顺，臣不可以不忠。心所以全者，体之力也；君所以安者，臣之功也。(《天地之行第七十八》)

以“天地”之“象”，“心”“体”之喻阐释“君臣之礼”，而明言“君不可以不贤”，“臣不可以不忠。”这里流露出政治有机体的观念和职能划分的意图。这种“君臣之礼”绝非单向的尊卑服从关系，而是君有君之礼——“天子之礼”：

> 先贵而后贱，孰贵于天子？天子号天之子也，奈何受为天子之号而无天子之礼？天子不可不祭天也，无异人之不可以不食父。为人子而不事父者，天下莫能以为可。今为天之子而不事天，何以异是？是故天子每至岁首，必先郊祭以享天，乃敢为地，行子礼也；每将兴师，必先郊祭以告天，乃敢征伐，行子道也。(《郊祭第六十七》)

“天子不可不祭天，无异人之不可以不食父。”天子祭天乃是行“子礼”“子道”，这也解释了“天子”或“皇帝”面对天和祖先自称“臣某”的理由。[①]“为人主者，居至德之位，操杀生之势，以变化民。……当德而不德，犹当夏而不夏也；当威而不威，犹当冬而不冬也。喜怒威德之不可以不直处而发也，如寒暑冬夏之不可不当其时而出也，故谨善恶之端。”（《威德所生第七十九》）人主居至德之位，当喜不喜，当怒不怒，优柔寡断，姑息养奸，苛政猛于虎，贪贼之人充斥朝野，威德丧失，乃人主之渎职也。与此同时，“受禄之家，食禄而已，不与民争业，然后利可均布，而民可家足。此上天之理，而亦太古之道，天子之所宜法以为制，大夫之所当循以为行也”。“由是观之，天子大夫者，下民之所视效，远方之所四面而内望也。近者视而放之，远者望而效之，岂可以居贤人之位而为庶人行哉！夫皇皇求财利常恐乏匮者，庶人之意也；皇皇求仁义常恐不能化民者，大夫之意也。”（《汉书·董仲舒传》）以此立场来看，中国历史上的红顶商人、四大家族以及当今世界官商勾结之类的现象，不仅违背“上天之理”与“太古之道”，也与现代法“公务员不得从事或参与营利性活动”之规定相悖，乃董子所深恶痛绝者。

董仲舒“王道之三纲”并非“君为臣纲，父为子纲，夫为妻纲”意义上的绝对服从，这还可以从他对秦政的批判与对“汤武放伐”的肯定态度中看取：

---

① 参见〔日〕尾形勇：《中国古代的“家”与国家》，张鹤泉译，中华书局2010年版，第100—104页。

> 至周之末世，大为亡道，以失天下。秦继其后，独不能改，又益甚之，重禁文学，不得挟书，弃捐礼谊而恶闻之，其心欲尽灭先圣之道，而颛为自恣苟简之治，故立为天子十四岁而国破亡矣。自古以来未尝有以乱济乱大败天下之民如秦者也。(《汉书·董仲舒传》)
>
> 至秦则不然，师申商之法，行韩非之说，憎帝王之道，以贪狼为俗，非有文德以教训于天下也。(《汉书·董仲舒传》)

《韩非子·忠孝》曾言：“臣事君，子事父，妻事夫，三者顺则天下治，三者逆则天下乱，此天下之常道也，明王贤臣而弗易也。”认为“人主虽不肖，臣不敢侵也”。而且明确反对汤武放伐：“尧、舜、汤、武或反君臣之义，乱后世之教者也。尧为人君而君其臣，舜为人臣而臣其君，汤、武为人臣而弑其主、刑其尸，而天下誉之，此天下所以至今不治者也。”这些言论近似“君为臣纲，父为子纲，夫为妻纲”意义上的绝对服从。《春秋繁露》中对此有针锋相对的相反意见：

> 故夏无道而殷伐之，殷无道而周伐之，周无道而秦伐之，秦无道而汉伐之。有道伐无道，此天理也，

> 所从来久矣，宁能至汤武而然耶？夫非汤武之伐桀纣者，亦将非秦之伐周，汉之伐秦，非徒不知天理，又不明人礼。礼，子为父隐恶。今使伐人者，而信不义，当为国讳之，岂宜如诽谤者？此所谓一言而再过者也。君也者，掌令者也，令行而禁止也。今桀纣令天下而不行，禁天下而不止，安在其能臣天下也？果不能臣天下，何谓汤武弑？（《尧舜不擅移汤武不专杀第二十五》）

在董仲舒看来，否定汤武放伐的正当性，乃是“不知天理”“不明人礼”的行为，桀纣不能“令行而禁止”，则是威德丧失，不能践行君主职能的表现，名实俱亡，不可谓汤武弑君。《史记·太史公自序》有言：“余闻董生曰：‘周道衰废，孔子为鲁司寇，诸侯害之，大夫壅之。孔子知言之不用，道之不行也，是非二百四十二年之中，以为天下仪表，贬天子，退诸侯，讨大夫，以达王事而已矣。’”由此可见，“贬天子，退诸侯，讨大夫”不仅是《春秋》大义名分之内在逻辑，也是董仲舒政治哲学的一贯精神。顺便言之，《汉书·董仲舒传》所载“臣愚以为诸不在六艺之科孔子之术者，皆绝其道，勿使并进”，是为了避免“法制数变，下不知所守”，谋求“统纪可一而法度可明”，从而维护“法制”与“法度”的稳定和统一，本是《春秋》大一统之义。熊十力先生认为“韩非之说用于吕政，流毒甚远。董子、史公在汉初皆欲矫其弊。董子作《春秋繁露》，张《公羊》义，以阐发民主思想。史公为《史记》，亦称《公羊》，并鉴于韩非毁百家语而集矢儒侠为最甚，于是尊孔子以世家，立仲尼弟子列传，孟子、荀卿皆有传，定孔子为一尊，示儒家为正统，与董子主张同也。”[①] 熊先生断定董仲舒《春秋繁露》、司马迁《史记》之所以伸张《公羊》之义，尊儒家为正统，是为了矫正韩非对“儒侠”的诋毁。考虑董仲舒自身思想的多种渊源及其对秦政“重禁文学，不得挟书”，“欲尽灭先圣之道”的谴责，后人以此断定董子乃“罢黜百家，独尊儒术”之始作俑者，实属误会夸大之词，不必深论。

后人对董仲舒“王道之三纲”与“《春秋》之法”的曲解[②]，是建立在对其政治哲学深层意涵的误解之上的。笔者认为董仲舒政治哲学的深层根基是“物必有合”的思想及其与此相关的“三才之道”。

二、“阴阳和调”与“物必有合”

基于“《春秋》慎辞，谨于名伦”的原则，《春秋繁露》

① 熊十力：《韩非子评论 与友人论张江陵》，上海书店出版社2007年版，第90页。

② 近年学界对此误解已有较为详细的驳正，参见方朝晖：《为“三纲”正名》第3章，华东师范大学出版社2014年版。

一方面主张“大小不逾等，贵贱如其伦，义之正也”，“故变天地之位，正阴阳之序，直行其道，而不忘其难，义之至也”（《精华第五》）。“强干弱枝，大本小末，则君臣之分明矣。”（《十指第十二》）同时另一方面也强调“阴阳和调，万物靡不得其理矣”（《十指第十二》）。“是以阴阳调而风雨时，群生和而万民殖，五谷孰而草木茂，天地之间被润泽而大丰美，四海之内闻盛德而皆徕臣，诸福之物，可致之祥，莫不毕至，而王道终矣。”（《汉书·董仲舒传》）《春秋繁露》不仅论说“阴阳之序”与“阴阳和调”相辅相成，更进一步提出“物必有合”的哲学命题：

> 凡物必有合。合必有上，必有下，必有左，必有右，必有前，必有后，必有表，必有里。有美必有恶，有顺必有逆，有喜必有怒，有寒必有暑，有昼必有夜，此皆其合也。阴者，阳之合；妻者，夫之合；子者，父之合；臣者，君之合。物莫无合，而合各有阴阳。阳兼于阴，阴兼于阳；夫兼于妻，妻兼于夫；父兼于子，子兼于父；君兼于臣，臣兼于君。君臣、父子、夫妇之义，皆取诸阴阳之道。君为阳，臣为阴；父为阳，子为阴；夫为阳，妻为阴。阴阳[1]无所独行，

① 有的版本将“阴阳”写作“阴道”。从阴阳“相互兼容”而不是一方“兼并”另一方的整体文章脉络来看，笔者以为“阴阳”更为恰当。参见［清］苏舆：《春秋繁露义证》，钟哲点校，中华书局1992年版，第351页。

> 其始也不得专起，其终也不得分功，有所兼之义。是故臣兼功于君，子兼功于父，妻兼功于夫，阴兼功于阳，地兼功于天。……天为君而覆露之，地为臣而持载之。阳为夫而生之，阴为妇而助之；春为父而生之，夏为子而养之，秋为死而棺之，冬为痛而丧之。王道之三纲，可求于天。天出阳为暖以生之，地出阴为清以成之。不暖不生，不清不成。……圣人之道，同诸天地，荡诸四海，变易习俗。(《基义第五十三》)

董子认为“凡物必有合”，“阴者，阳之合；妻者，夫之合；子者，父之合；臣者，君之合。物莫无合，而合各有阴阳”，“君臣、父子、夫妇之义，皆取诸阴阳之道”，“阳兼于阴，阴兼于阳”，“阴阳无所独行”。阴阳、天地、君臣、父子、夫妇，两方之中任何一方都“无所独行”，两方皆为相互依赖，不可分离的关系。“其始也不得专起，其终也不得分功，有所兼之义。”“兼，并也。”(《说文解字》)因为是“阳兼于阴，阴兼于阳；夫兼于妻，妻兼于夫；父兼于子，子兼于父；君兼于臣，臣兼于君”，所以并非一方“兼并”另一方，而是“相互兼容”，你中有我，我中有你。可以说“无阳则无阴”，也可以说“无阴则无阳”，天地、君臣、父子、夫妇两者之间的关系以此类推，这也是《易》之乾坤两卦相互依存之义，董子“物必有合”其深意若此。所谓“王道之三纲”必须从这样的前后语境中理解其内涵，而不能如后世某些人那样断章取义、曲学阿世地解释为一方绝对服从另一方的关系。王夫之在《周易内传》中对乾坤之内在关系有明晰表述：“周易之书，乾、坤并建以为首，易之体也；……纯乾纯坤，未有易也，而相峙以并立，则易之道在，而立乎至足者为易之资。”[①] 所谓“阳尊阴卑”“屈君伸天，屈民伸君”等主张，其意图在于论证“阴阳之序”，实现“阴阳和调”，不能脱离上述前提而孤立地夸大引申。《春秋》之道或《春秋》之法也是想通过“正名”、《春秋》大一统等手段来实现“阴阳和调”意义上的“王道之三纲”。《春秋繁露》中多处出现“合偶”“类合”“合类”等表述：“百物皆有合偶，偶之合之，仇之匹之，善矣。”（《楚庄王第一》）“喜怒以类合，其理一也。故义不义者，时之合类也。”（《天容第四十五》）“天乃有喜怒哀乐之行，人亦有春秋冬夏之气者，合类之谓也。”（《天辨在人第四十六》）“天地之常，一阴一阳。阳者，天之德也，阴者，天之刑也，……天亦有喜怒之气，哀乐之心，与人相副，以类合之，天人一也。”（《阴阳义第四十九》）“地，天之合也。”（《阳尊阴卑第四十三》）“独阴不生，独阳不生，阴阳与天地参然后生。”（《顺命第七十》）由此可见，“物必有合”是贯穿于董仲

---

① ［明］王夫之：《船山全书》（第一册），岳麓书社2011年版，第41页。

舒哲学的核心思想，构成其政治哲学体系的根基，可以与作为“天地之太极”“天地之道”的“中和”思想相互印证：

> 夫德莫大于和，而道莫正于中。中者，天地之美达理也，圣人之所保守也，《诗》云：“不刚不柔，布政优优。”此非中和之谓与？是故能以中和理天下者，其德大盛；能以中和养其身者，其寿极命。……和者，天之正也，阴阳之平也，其气最良。物之所生也，诚择其和者，以为大得天地之泰也。天地之道，虽有不和者，必归之于和，而所为有功；虽有不中者，必止之于中，而所为不失。……阴阳之道不同，至于盛，而皆止于中；其所始起，皆必于中。中者，天地之太极也。日月之所至而却也。长短之隆，不得过中。天地之制也，兼和与不和，中与不中，而时用之，尽以为功。是故时无不时者，天地之道也。（《循天之道第七十七》）

众所周知，“中和”“时中”“中庸”“天地之道”乃是自孔子至子思儒家前后一贯的主张，董子思想自有其渊源。“物必有合”“中庸”“天地之道”相互之间存在深层的内在关联。不止于此，董仲舒哲学思想的底色还体现在他对“天地人”三才之道的继承和弘扬上。

三、《春秋繁露》中的三才之道

《易 · 系辞下》言及“三才之道”：“易之为书也，广大悉备，有天道焉，有人道焉，有地道焉。兼三才而两之，故六；六者非它也，三才之道也。”《易 · 说卦传》阐释天道、地道、人道“三才而两之”的内涵：“昔者圣人之作易也，将以顺性命之理。是以立天之道，曰阴与阳；立地之道，曰柔与刚；立人之道，曰仁与义。兼三才而两之，故易六画而成卦。分阴分阳，迭用柔刚，故易六位而成章。”阴阳、刚柔、仁义分别代表了天道、地道、人道的本质特性。这种三才之道的思想比较完整地保存于《春秋繁露》中：

> 天地与人，三而成德。(《官制象天第二十四》)
>
> 天德施，地德化，人德义。天气上，地气下，人气在其间。春生夏长，百物以兴；秋杀冬收，百物以藏。故莫精于气，莫富于地，莫神于天。天地之精所以生物者，莫贵于人。人受命乎天也，故超然有以倚；物疢疾莫能为仁义，唯人独能为仁义；物疢疾莫能偶天地，唯人独能偶天地。(《人副天数第五十六》)
>
> 天道施，地道化，人道义。圣人见端而知本，精之至也；得一而应万，类之治也。(《天道施第

八十二》）

《大戴礼记·四代》曰：“有天德，有地德，有人德，此谓三德。”又曰：“天道以视，地道以履，人道以稽。”天道/天德、地道/地德、人道/人德并言的现象并非《春秋繁露》中所独有，可能是汉代儒者习以为常的用法。《春秋繁露》以此为基础阐释“孝悌”“衣食”“礼乐”：“天生之，地养之，人成之。天生之以孝悌，地养之以衣食，人成之以礼乐，三者相为手足，合以成体，不可一无也。无孝悌，则亡其所以生；无衣食，则亡其所以养；无礼乐，则亡其所以成也。”（《立元神第十九》）又以此为前提将“君民”关系类比于“心体”关系：“传曰：天生之，地载之，圣人教之。君者，民之心也；民者，君之体也。心之所好，体必安之；君之所好，民必从之。故君民者，贵孝弟而好礼义，重仁廉而轻财利。躬亲职此于上，而万民听，生善于下矣。”（《为人者天第四十一》）并以此建立“王道通三”的政治哲学：“古之造文者，三画而连其中，谓之王。三画者，天、地与人也，而连其中者，通其道也。取天地与人之中以为贯而参通之，非王者孰能当是？是故王者唯天之施，施其时而成之，法其命而循之诸人，法其数而以起事，治其道而以出法，治其志而归之于仁。仁之美者在于天。天，仁也。天覆育万物，既化而生之，有养而成之，事功无已，终而复始，凡举归之以奉人，察于天之意，无穷极之仁也。人之受命于天也，取仁于天而仁也。……唯人道为可以参天。”(《王道通三第四十四》)“天覆无外，地载兼受，风行令而一其威，雨布施而均其德，王术之谓也。”(《深察名号第三十五》)

应当注意的是《春秋繁露》中的“正名”思想与天地人三才之道也有内在关系：

> 治天下之端，在审辨大；辨大之端，在深察名号。名者，大理之首章也。录其首章之意，以窥其中之事，则是非可知，逆顺自著，其几通于天地矣。是非之正，取之逆顺；逆顺之正，取之名号；名号之正，取之天地，天地为名号之大义也。……名则圣人所发天意，不可不深观也。受命之君，天意之所予也。(《深察名号第三十五》)
>
> 是故事各顺于名，名各顺于天，天人之际，合而为一。同而通理，动而相益，顺而相受，谓之德道。(《深察名号第三十五》)
>
> 是正名号者于天地，天地之所生，谓之性情。……身之有性情也，若天之有阴阳也。言人之质而无其情，犹言天之阳而无其阴也。(《深察名号第三十五》)
>
> 人道者，人之所由，乐而不乱，复而不厌者。万物载名而生，圣人因其象而命之。然而可易也，皆有

义从也，故正名以明义也。(《天道施第八十二》)

“名号之正，取之天地，天地为名号之大义也。”“事各顺于名，名各顺于天，天人之际，合而为一。”“万物载名而生，圣人因其象而命之。”所有这些关于“名号”的深度讨论，都建立在作者对天地人三才之道的深思熟虑之上。

四、“万物之本”“天地之元”“《春秋》之道”

《春秋繁露》中的“三才之道”思想还体现在其对“万物之本”的追问中：

何谓本？曰：天地人，万物之本也。天生之，地养之，人成之。天生之以孝悌，地养之以衣食，人成之以礼乐，三者相为手足，合以成体，不可一无也。无孝悌，则亡其所以生；无衣食，则亡其所以养；无礼乐，则亡其所以成也。(《立元神第十九》)

天地者，万物之本、先祖之所出也，广大无极，其德昭明，历年众多，永永无疆。天出至明，众知类也，其伏无不照也；地出至晦，星日为明，不敢暗，君臣、父子、夫妇之道取之此。(《观德第三十三》)

> 礼者，继天地，体阴阳，而慎主客，序尊卑、贵贱、大小之位，而差外内、远近、新故之级者也，以德多为象。……三代圣人不则天地，不能至王。阶此而观之，可以知天地之贵矣。(《奉本第三十四》)

如上所引，《春秋繁露》中有时说“天地人，万物之本”，有时又说“天地者，万物之本，先祖之所出也……君臣、父子、夫妇之道取之此。”前后表述不是很严密。这大概与对“万物”的理解不同有关，前者所谓“万物”不包括“人”：“天地阴阳木火土金水，九，与人而十者，天之数毕也。故数者至十而止，书者以十为终，皆取之此。人何其贵者，起于天，至于人而毕。毕之外，谓之物。物者，投所贵之端，而不在其中。以此见人之超然万物之上，而最为天下贵也。人下长万物，上参天地。”(《天地阴阳第八十一》)“人”处于“天地”与“万物”之间，“下长万物，上参天地”。后者所谓“天地者，万物之本，先祖之所出也”，可以理解为“天地”乃是“万物+人”之本。《春秋繁露》不止于追问万物之本，而且提出“天地之元”的概念，并与“《春秋》之道”相勾连：

> 惟圣人能属万物于一，而系之元也，终不及本所从来而承之，不能遂其功。是以《春秋》变一谓之元，元犹原也，其义以随天地终始也。故人惟有终始也，

而生死必应四时之变。故元者为万物之本，而人之元在焉。安在乎？乃在乎天地之前。……故春正月者，承天地之所为也，继天之所为而终之也。其道相与共功持业，安容言乃天地之元？天地之元奚为于此？恶施于人？大其贯承意之理矣。(《重政第十三》)

是故《春秋》之道，以元之深，正天之端，以天之端，正王之政，以王之政，正诸侯之即位，以诸侯之即位，正竟内之治。五者俱正，而化大行。(《玉英第四》)

与上述“天地人”或“天地者”乃“万物之本”的说法不同，这里说“元者为万物之本”，不仅“人之元在焉”，而且“在乎天地之前”。而“《春秋》之道”贯穿于元—天之端—王之政—诸侯之即位—竟内之治，“五者俱正，而化大行。”《管子》所谓“君臣上下贵贱皆从法，此谓为大治”(《管子·任法》)，如果还只是就成文法而言，此处所谓“五者俱正”强调的却是“治国之端在正名”(《春秋繁露·玉英第四》)，这或许可以称为中国古代“看不见的宪法”[①]。

“《春秋》何贵乎元而言之？元者，始也，言本正也；

① 〔美〕却伯：《看不见的宪法》，田雷译，法律出版社2011年版。康有为认为“所谓宪法权利，即《春秋》所谓名分也，盖治也，而几于道矣”。[《康有为全集》(第三集)，中国人民大学出版社2007年版，第357页。]

道，王道也；王者，人之始也。王正，则元气和顺，风雨时，景星见，黄龙下；王不正，则上变天，贼气并见。五帝三王之治天下，不敢有君民之心，什一而税，教以爱，使以忠，敬长老，亲亲而尊尊，不夺民时，使民不过岁三日。”（《王道第六》）我们或许可以用下述图示概括《春秋繁露》中的政治哲学体系：

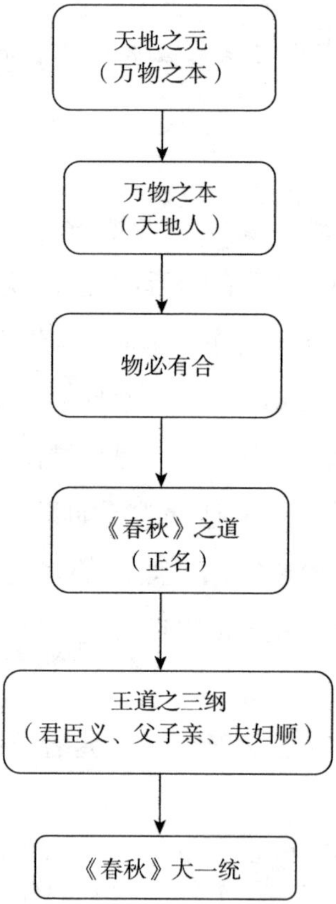

《春秋》之道或《春秋》之法虽是就“人道”而言，但不能脱离“天地之元”“万物之本”而独行天地之间，成为无源之水，无根之木。“故春正月者，承天地之所为也，继天之所为而终之也。其道相与共功持业，安容言乃天地之元？”“春正月者，承天地之所为也”——政道之本乃基于天地人三才之道。因此，圣人之治便是承“天之志”，“顺天地，体阴阳”，“天人之道兼举”，允执其中：

> 天之生有大经也，而所周行者又有害功也，除而杀殛者，行急皆不待时也，天之志也，而圣人承之以治。是故春修仁而求善，秋修义而求恶，冬修刑而致清，夏修德而致宽。此所以顺天地，体阴阳。然而方求善之时，见恶而不释；方求恶之时，见善亦立行。方致清之时，见大善亦立举之；方致宽之时，见大恶亦立去之。以效天地之方生之时有杀也，方杀之时有生也。是故志意随天地，缓急仿阴阳。然而人事之宜行者，无所郁滞，且恕于人，顺于天，天人之道兼举，此谓执其中。(《如天之为第八十》)

虽然后人对《春秋繁露》中的天人感应和阴阳五行之说多有诟病或怀疑，但其中关于“五行”的论述看重的是“阴阳”的顺逆关系：“天地之气，合而为一，分为阴阳，判为四时，列为五行。行者，行也，其行不同，故谓之五行。五行者，五官也，比相生而间相胜也，故为治，逆之则乱，顺之则治。”（《五行相生第五十八》）其中论及“五事”并附会以天谴之论，显然是想以“正君貌”的手段达到“正君心”“正君行”的目的：

> 王者与臣无礼，貌不肃敬，则木不曲直，而夏多暴风。风者，木之气也，其音角也，故应之以暴风。王者言不从，则金不从革，而秋多霹雳。霹雳者，金气也，其音商也，故应之以霹雳。王者视不明，则火不炎上，而秋多电。电者，火气也，其音徵也，故应之以电。王者听不聪，则水不润下，而春夏多暴雨。雨者，水气也，其音羽也，故应之以暴雨。王者心不能容，则稼穑不成，而秋多雷。雷者，土气也，其音宫也，故应之以雷。（《五行五事第六十四》）

结语　《春秋》之本与易道精神

“《春秋》以道名分，何耶？秦以后奴儒，皆以正名定分为上下尊卑之等，一定而不可易，此缘维护帝制之私，不惜厚诬经义，至可恨也！”[①] 熊十力先生认为“《春秋》

---

① 熊十力：《论六经·中国历史讲话》，中国人民大学出版社2006年版，第13页。

之本在《易》，不通《易》未可言《春秋》”[①]。《易·系辞下》揭示“阴阳合德”的天地精神：“乾，阳物也；坤，阴物也。阴阳合德而刚柔有体，以体天地之撰，以通神明之德。”董子“物必有合”的思想正是基于上述易道“阴阳合德”的思想。《春秋繁露·基义》中所谓“君臣、父子、夫妇之义，皆取诸阴阳之道”“阴阳无所独行，其始也不得专起，其终也不得分功，有所兼之义”“天出阳为暖以生之，地出阴为清以成之”“圣人之道，同诸天地”等表述，都体现出“阴阳合德”或“天地合德”的意涵。“王道之三纲”只有在此前后语境中才能得到合理解释。

另外，董子所谓“阳尊阴卑”“贵贱顺逆”“阳德阴刑”“屈君伸天，屈民伸君”等表述与《易·系辞上》不无关系：“天尊地卑，乾坤定矣。卑高以陈，贵贱位矣。”“乾以易知，坤以简能。”“天尊地卑”以“天地合德”为基础，乾坤以“易”“简”为职能，这种职能定位的思想贯穿于《春秋繁露》各篇之中，也是《春秋》大义名分的理论支柱。除了众所周知的“王道通三”，《春秋繁露》中的“天地阴阳”之论也表明了董子一以贯之的“三才之道”思想：

天者，其道长万物，而王者长人。人主之大，天

① 熊十力：《论六经·中国历史讲话》，中国人民大学出版社2006年版，第83页。

> 地之参也；好恶之分，阴阳之理也；喜怒之发，寒暑之比也；官职之事，五行之义也；以此长天地之间，荡四海之内，殽阴阳之气，与天地相杂。是故人言：既曰王者参天地矣，苟参天地，则是化矣，岂独天地之精哉！（《天地阴阳第八十一》）

总结本章，笔者认为董仲舒政治哲学虽多以天人感应、《春秋》大一统为学人论道，但其理论前提却是“物必有合”的思想及其与此相关的“三才之道”。“董仲舒集大成，将政治秩序、社会秩序、宇宙秩序、道德秩序重重相扣，叠合为一个无所不包的大体系。”[①]将王道之三纲安顿在天地人三极之中，其流弊可能混淆荀子所谓“天人之分”，妄说天意有损其良好意图，其积极意义却有益于人类反思近代工业化社会对所谓“理性”与“科学”的盲从，认识到人类理性的局限，对构建人与自然相互协调的政治秩序不无深刻的启示。

---

① 许倬云：《中国文化的发展过程》，中华书局2017年版，第12—13页。

第五章 “一以贯之”与中国古典政治哲学体系 *

引言 “一以贯之”之真解？

关于《论语》“里仁”“卫灵公”篇中的“一以贯之”之意，古来众说纷纭。刘宝楠在《论语正义》按语中说：“‘一贯’之义，自汉以来不得其解。”[①] 后人有所谓“以道言”“以行言”“以知言”之说。除了朱熹、阮元等人，近代学人章炳麟、胡适、梁漱溟、梁启超、柳诒徵、余英时等对此皆有论列。[②] 明人陈耀文《经典稽疑》卷上解释“吾

* 本章内容曾以《中国古典政治哲学中的“一贯之道”》为题，发表于《中国哲学再创造》(上海交通大学出版社2015年版)，2018年2月修订。

① [清] 刘宝楠:《论语正义》，中华书局1990年版，第152页。

② 参见罗志田:《道亦方法？章太炎、胡适等近代学者关于“一以贯之”的新说及争议》，《天津社会科学》2011年第5期。

道一贯”：“圣人之道，泛应曲当，无非此理。故曰：一以贯之，忠以尽己，恕以及人，则此道之所以泛应曲当而能一以贯之者也。异端借一贯之字，以证不二之说，近或推之愈高，谓道本自一，不必言贯，此固非后学所敢言。诸儒疑一贯之道大，而忠恕不足以当之，至有天人体用等辨，恐亦不若平心只味本文也。”[①] 此处以“圣人之道”解“吾道一贯”之说，反对“不二之说”或“天人体用”之辨，认为应当平心体会“本文”，自有其持守望“毋意、毋必、毋固、毋我”的用意。

方东美先生在论述“中国哲学之通性——一贯之道”时，提及原始儒家的“忠恕之道”“絜矩之道”所体现的“同情心”，认为“一贯之道”在原始儒家中可以分为天道、地道、人道，并以“广大悉备的生命精神”及人的“参赞天地之化育”解释“儒家的一贯之道”：“乾元是大生之德，代表一种创造的生命精神贯注宇宙之一切；坤元是广生之德，代表地面上之生命冲动，孕育支持一切生命的活动；合而言之就是一种‘广大悉备的生命精神’。……人乃是参赞天地之化育，与天地同为造物主宰，以此种精神实现普遍的生命意义及价值。这就是儒家的一贯之道。”[②] 成中英先生在论述“‘吾道一以贯之’

① ［明］陈耀文：《经典稽疑》（一），王云五主编：《四库全书珍本二集》，台湾商务印书馆印行，第9—10页。

② 方东美：《原始儒家道家哲学》，中华书局2012年版，第25—26页。

之‘道’的独立意义”时，认为“此道应具有整体性，而反映出一个对整体真实与整体真理的意识与认识”[①]。当今学界还有借鉴莱维纳斯等西方哲人学说解释“吾道一以贯之”者。[②]

笔者有意摒弃道、儒、墨、法等门户之见，着眼于中国古典政治哲学的内在精神及其相互关系与范畴体系，阐发其中所隐含的“一贯之道”。本章着重考察中国古典政治哲学八个基础概念——道、德、仁、义、礼、乐、政、刑的精神意涵、相互关系及其范畴体系的形成轨迹，发掘阐发道—德—仁—义—礼—乐—政—刑多维一体的中国古典政治哲学体系。

---

① 成中英：《成中英文集》（第三卷），中国人民大学出版社2017年版，第114页。成先生别处另有表述：“孔子的‘吾道一以贯之’的道是体用无间、持本达用之道，不可局限在伦理与政治层面，但却包含二者为内外之一体。其核心是生生不已之德，实现为义利兼具的一体之仁。”[《成中英文集》（第四卷），中国人民大学出版社2017年版，第196页。]

② 参见伍晓明：《吾道一以贯之：重读孔子》（第二版），北京大学出版社2013年。以下论述均涉及“一以贯之”之诠释：王四达：《从〈论语〉看孔子的政治思想构架——兼论孔子的“一贯之道”》，《华侨大学学报（哲学社会科学版）》1993年第2期；刘述先：《论孔子思想中隐涵的“天人合一”一贯之道——一个当代新儒学的阐释》，《理一分殊与全球地域化》，北京大学出版社2015年版；黄俊杰：《孔子心学中潜藏的问题及其诠释之发展：以朱子“吾道一以贯之”的诠释为中心》，《东亚儒学：经典与诠释的辩证》，台湾大学出版中心2007年版；黄俊杰：《德川时代日本儒者对孔子“吾道一以贯之”的诠释——东亚比较思想史的视野》，《文史哲》2003年第1期；李冬君：《春秋圣化大趋势与孔子之道“一以贯之”》，《广东社会科学》2003年第5期。

一、道与德

梁启超曾在《先秦政治思想史》（1923）“前论”部分引用《尚书·皋陶谟》中的文字讨论“天道的思想”：“……天工，人其代之。天叙有典，敕我五典五惇哉！天秩有礼，自我五礼有庸哉！……天命有德，五服五章哉！天讨有罪，五刑五用哉！政事懋哉懋哉！”他继而做了如下发挥：

> 则也、范也、叙也、秩也，皆表自然法则之总相。因则而有彝，因范而有畴，因叙而有典，因秩而有礼。则自然法则之演为条理者也。此总相即后此儒家道家之所谓道；其条理，则后此儒家之所谓礼；法家之所谓法也。而其渊源则认为出于天。前此谓有一有感觉、有情绪、有意志之天直接指挥人事者，既而此感觉、情绪、意志化成为人类生活之理法，名之曰天道，公认为政治所从出而应守。若此者，吾名之曰抽象的天意政治。[1]

梁氏之所以首先选择《皋陶谟》中的这段文字阐释

① 梁启超：《先秦政治思想史》，东大图书股份有限公司1993年版，第25页。

先秦政治思想中的天道思想，显然与他对中国古典政治哲学特质的认识有关。《皋陶谟》中的这段文字比起《尚书·吕刑》中“绝地天通”的表述，确实更能揭示中国古人对天人关系的把握，它不仅揭示出天道与人道的内在关系以及人能代天而行的观念，也表明典、礼、德、刑乃是“政事”之当为。

《周易·系辞上》阐发道、善、性、仁、知、德相互贯通，且以“生生”之“易”为其根基：

> 一阴一阳之谓道，继之者善也，成之者性也。仁者见之谓之仁，知者见之谓之知，百姓日用不知；故君子之道鲜矣！显诸仁，藏诸用，鼓万物而不与圣人同忧，盛德大业至矣哉！富有之谓大业，日新之谓盛德。生生之谓易，成象之谓乾，效法之谓坤，极数知来之谓占，通变之谓事，阴阳不测之谓神。

《周易·系辞下》也表明天地大德、圣人、仁、义之间的相互关系：“天地之大德曰生。圣人之大宝曰位。何以守位曰仁。何以聚人曰财。理财正辞，禁民为非曰义。”

老子论述天道与人道之异，解释作为有道者的圣人矫治人道偏颇的功能与作用，《道德经·第七十七章》曰：“天之道，损有余而补不足；人之道，则不然，损不足以奉有余。孰能有余以奉天下？唯有道者。是以圣人为而不恃，功成而不处，其不欲见贤。"《道德经·第五十一章》揭示了"道"与"德"之间的内在关系："道生之，德畜之，物形之，势成之。是以万物莫不尊道而贵德。道之尊，德之贵，夫莫之命而常自然。故道生之，德畜之，长之育之，亭之毒之，养之覆之。生而不有，为而不恃，长而不宰。是谓玄德。"庄子亦曰："物得以生谓之德。"（《庄子·天地》）并以德、道、仁、义并举："夫德，和也。道，理也。德无不容，仁也。道无不理，义也。"（《庄子·缮性》）《管子·心术上》同样关注"道"与"德"的相互关系："虚而无形谓之道，化育万物谓之德。""德者道之舍，物得以生。……故德者得也。得也者谓其所得以然也。"道在德中，道因德而彰显。

孔子不同于老庄的地方在于他很少提及天道："夫子之言性与天道，不可得而闻也。"（《论语·公冶长》）关于天道，孔子只是感叹："天何言哉？四时行焉，百物生焉。天何言哉？"（《论语·阳货》）"人能弘道，非道弘人。"（《论语·卫灵公》）"未能事人，焉能事鬼。"（《论语·先进》）"敬鬼神而远之。"（《论语·雍也》）孔子隐约流露出的"天人之分"的思想被荀子继承并发扬光大："天行有常，不为尧存，不为桀亡。""明于天人之分，可谓至人矣。"（《荀子·天论》）"道者，非天之道，非地之道，人之所以道也。"（《荀子·儒效》）不过，孔子虽然不言天道，但对天命却屡屡言之，以至于被其后学发展出"天命之谓性，率性之谓道，修道之谓教”（《中庸·第一章》）这一重大命题。《礼记·礼运》曰：“故人者，其天地之德，阴阳之交，鬼神之会，五行之秀气也。”又曰：“故圣人作则，必以天地为本，以阴阳为端，以四时为柄，以日星为纪，月以为量，鬼神以为徒，五行以为质，礼义以为器，人情以为田，四灵以为畜。”从天道到人道（圣人之道），“德”在其间发挥着至关重要的衔接作用，只有“至德”才能成就“至道”：“大哉圣人之道！洋洋乎！发育万物，峻极于天。优优大哉！礼仪三百，威仪三千。待其人而后行。故曰苟不至德，至道不凝焉。”（《中庸·第二十七章》）

《周易》乾坤两卦所谓“天行健，君子以自强不息”“地势坤，君子以厚德载物”“与天地合其德”“德合无疆”等表述都揭示出道与德之间不即不离的关系。因而，“达道”与“达德”的并举便顺理成章：“天下之达道五，所以行之者三：曰君臣也，父子也，夫妇也，昆弟也，朋友之交也：五者天下之达道也。知、仁、勇三者，天下之达德也，所以行之者一也。”（《中庸·第二十章》）此后，“天德”“道德”等词汇的出现更证明两者相互融合的趋势。“唯天下至诚，为能经纶天下之大经，立天下之大本，知天地之化育。夫焉有所倚？肫肫其仁！渊渊其渊！浩浩其天！苟不固聪明圣知达天德者，其孰能知之？”（《中庸·第三十二章》）唯有“至诚”且真正聪明睿智足以体察“天德”者，方“能经纶天下之大经，立天下之大本，知天地之化育”。《尚书·咸有一德》强调“惟天佑于一德”“惟民归于一德”“惟天降灾祥在德”；《周礼·地官·师氏》规定“以三德教国子：一曰至德，以为道本；二曰敏德，以为行本；三曰孝德，以知逆恶”。自周代开始，“三德”“四德”“五德”“六德”“九德”“十德”“十一德”“十二德”等相互交叉或内容各异的“德行”或“德性”名目异彩纷呈[①]，逐步形成周代“尊德尚文”的文化传统，显示出中国古典政治哲学深厚的“道—德”渊源。

二、仁与义

孔子多处言仁，致使后人认定“吾道一以贯之”者即是“仁道”。但是，如果进一步追问仁道的内涵及其根源，则不能不再费一番功夫。孔子说：“夫仁者，己欲立而立人，己欲达而达人。”（《论语·雍也》）这是孔子对“仁”的内涵最耐人寻味的表述，其他各种因人而异的“泛应曲当”皆以此为宗旨，这是一种换位思考的“絜矩之道”，背后以“天地生物之心”为其道德根基。

董仲舒试图给“仁”以明确定义：“何谓仁？仁者，憯怛爱人，谨翕不争，好恶敦伦，无伤恶之心，无隐忌之

① 陈来：《古代思想文化的世界》《古代宗教与伦理》，生活·读书·新知三联书店2009年版；郑开：《德礼之间》，生活·读书·新知三联书店2009年版。

志，无嫉妬之气，无感愁之欲，无险诐之事，无辟违之行。故其心舒，其志平，其气和，其欲节，其事易，其行道，故能平易和理而无争也。如此者，谓之仁。”（《春秋繁露·必仁且智三十》）烦琐的解释反而令人颇费思量。董仲舒不仅定义了仁，而且对仁与义的关系另有新解：“《春秋》之所治，人与我也；所以治人与我者，仁与义也；以仁安人，以义正我；故仁之为言人也，义之为言我也，言名以别矣。仁之于人，义之于我者，不可不察也。众人不察，乃反以仁自裕，而以义设人，诡其处而逆其理，鲜不乱矣。是故人莫欲乱，而大抵常乱。凡以暗于人我之分，而不省仁义之所在也。是故《春秋》为仁义法，仁之法在爱人，不在爱我；义之法在正我，不在正人；我不自正，虽能正人，弗予为义；人不被其爱，虽厚自爱，不予为仁。”（《春秋繁露·仁义法第二十九》）仁义之功能在于“以仁安人，以义正我”，“仁之法在爱人，不在爱我；义之法在正我，不在正人”。这是一种严以律己、宽以待人的伦理哲学，是对那些“以仁自裕，而以义设人”，罔顾“人我之分”，一味指责别人而缺乏自我反省精神的假道学的警戒。

韩愈在《原道》中将仁义与道德并说：“博爱之谓仁，行而宜之之谓义，由是而之焉之谓道，足乎己无待于外之谓德。仁与义为定名，道与德为虚位。”朱子认为“仁”乃“心之德”，是“人心”领悟“天地之心”的结果：“天地以生物为心者也，而人物之生，又各得夫天地之心以为心者也。故语心之德，虽其总摄贯通无所不备，然一言以蔽之，则曰仁而已矣。”（《朱文公文集·卷六十七》）[①]朱子在《孟子·梁惠王上》中注曰：“仁者，心之德、爱之理。义者，心之制、事之宜也。”

张载认为“仁道有本，近譬诸身，推以及人，乃其方也”（《正蒙·中正》）。他的“推己及人”的说法与戴震“推之而与天下共遂其生”的理解近似：“仁者，生生之德也。……一人遂其生，推之而与天下共遂其生，仁也。”（《孟子字义疏证·卷下》）不过，张载对仁与义的关系有独到的理解：“义，仁之动也，流于义者于仁或伤；仁，体之常也，过于仁者于义或害。”（《正蒙·至当》）戴震也说：“生生者仁，条理者礼，断决者义，藏主者智。”（《原善·卷上》）我们不妨将其与《管子·法法》中的议论略作比较：“政者，正也。正也者，所以正定万物之命也。是故圣人精德立中以生正，明正以治国。故正者，所以止过而逮不及也。过与不及也，皆非正也；非正，则伤国一也。勇而不义伤兵，仁而不法伤正。”从“流于义者于仁或伤”“过于仁者于义或害”及“仁而不法伤正”等表述中不难推测中文“正义”一词的思想渊源。对仁与义的关系，当代前辈学人的解释不无启发：“仁的同一性原则是义的差异性原则的基础。义应用于仁引发权利和义务，

① ［宋］朱熹：《朱子全书》（第二十三册），上海古籍出版社、安徽教育出版社2010年版，第3279页。

仁应用于义引发社会整体的善和理想目标。”[①] 古文“义”字，与现代“正义”（Justice）观念自有契合之处。[②]

三、礼与乐

“仁者人也，亲亲为大；义者宜也，尊贤为大；亲亲之杀，尊贤之等，礼所生也。”（《中庸·第二十章》）“道德仁义，非礼不成。”（《礼记·曲礼上》）仁义乃礼之所由生，礼是道德仁义之外化。《管子·心术上》明确提出礼出于义：“礼出乎义，义出乎理，理因乎道者也。”《论语·卫灵公》中有言：“君子义以为质，礼以行之。”关于礼与义的关系，《礼记·礼运》中的表述更加具体周详：

> 故礼也者，义之实也，协诸义而协，则礼虽先王未之有，可以义起也。义者，艺之分，仁之节也。协于艺，讲于仁，得之者强。仁者，义之本也，顺之体也，得之者尊。故治国不以礼，犹无耜而耕也；为礼不本于义，犹耕而弗种也；为义而不讲之以学，犹种

---

① 成中英：《康德与儒家思想中的正义与和平》，《本体诠释学、民主精神与全球和谐》，中国人民大学出版社2011年版，第408页。成先生另有专篇论文《论孔孟的正义观》，见《成中英文集》（第九卷），中国人民大学出版社2017年版，第117—133页。

② 对“中国正义论”的系统论述，请参见黄玉顺：《中国正义论的形成》，东方出版社2015年版。

而弗耨也；讲之以学而不合之以仁，犹耨而弗获也；合之以仁而不安之以乐，犹获而弗食也；安之以乐而不达于顺，犹食而弗肥也。

礼为“义之实”，仁为“义之本”。先王承天道、治人情而生礼，礼“本于天”。《礼记·礼运》认为：“夫礼，先王以承天之道，以治人之情。故失之者死，得之者生。……是故夫礼，必本于天，殽于地，列于鬼神，达于丧、祭、射、御、冠、昏、朝、聘。故圣人以礼示之，故天下国家可得而正也。”“夫礼必本于天，动而之地，列而之事，变而从时，协于分艺。其居人也曰养，其行之以货力、辞让、饮食、冠、昏、丧、祭、射、御、朝、聘。”

《荀子·礼论》追问礼的起源：“礼起于何也？曰：人生而有欲，欲而不得，则不能无求。求而无度量分界，则不能不争；争则乱，乱则穷。先王恶其乱也，故制礼义以分之，以养人之欲，给人之求。使欲必不穷于物，物必不屈于欲。两者相持而长，是礼之所起也。”荀子认为“礼有三本：天地者，生之本也；先祖者，类之本也；君师者，治之本也。无天地恶生？无先祖恶出？无君师恶治？三者偏亡焉，无安人。故礼上事天，下事地，尊先祖而隆君师，是礼之三本也”。礼之三本——天地人，此为“人道之极”：“故绳者，直之至；衡者，平之至；规矩者，方圆之至；礼者，人道之极也。然而不法礼，不足礼，谓之无方之民；

法礼，足礼，谓之有方之士。”

礼有三本，“乐由天作”，方能达“天地之和”：“乐者，天地之和也。礼者，天地之序也。和故百物皆化，序故群物皆别。乐由天作，礼以地制。过制则乱，过作则暴。明于天地，然后能兴礼乐也。”而且“仁近于乐，义近于礼”。礼乐各自有不同的功效：“天高地下，万物散殊，而礼制行矣。流而不息，合同而化，而乐兴焉。春作夏长，仁也；秋敛冬藏，义也。仁近于乐，义近于礼。乐者敦和，率神而从天，礼者别宜，居鬼而从地。故圣人作乐以应天，制礼以配地。礼乐明备，天地官矣。”（《礼记·乐记》）“道乐”与“道德”相关：“君子乐得其道，小人乐得其欲。以道制欲，则乐而不乱；以欲忘道，则惑而不乐。故乐者，所以道乐也。金石丝竹，所以道德也。……乐合同，礼别异。礼乐之统，管乎人心矣。穷本极变，乐之情也；著诚去伪，礼之经也。”（《荀子·乐论》）“乐合同，礼别异”，礼乐虽然功能各异，但皆关乎人心与天地之道。

礼乐与德相辅相成：“知乐，则几于礼矣。礼乐皆得，谓之有德。德者，得也。”（《礼记·乐记》）礼、乐、政、刑，合和相生，王道乃成：“是故先王之制礼乐，人为之节。衰麻哭泣，所以节丧纪也；钟鼓干戚，所以和安乐也；昏姻冠笄，所以别男女也；射乡食飨，所以正交接也。礼节民心，乐和民声，政以行之，刑以防之。礼、乐、刑、政，四达而不悖，则王道备矣。”（《礼记·乐记》）

“礼云礼云，玉帛云乎哉？乐云乐云，钟鼓云乎哉？”（《论语·阳货》）礼乐之价值与功能不在于外表的华美，而在于其所追求的“天地之序”与“天地之和”。同样，政与刑也不在其外在的形式，而在于其实际的效果。

四、政与刑

《论语·为政》中有两句众所周知的名言：“为政以德，譬如北辰，居其所而众星共之。”“道之以政，齐之以刑，民免而无耻。道之以德，齐之以礼，有耻且格。”这里明显存在从高到低的价值排序：德>礼>政>刑。《论语·述而》将道、德、仁、艺相提并论：“志于道，据于德，依于仁，游于艺。”与此对照，《道德经·三十八章》也有类似的排序：“失道而后德，失德而后仁，失仁而后义，失义而后礼。”即：道>德>仁>义>礼。扬雄在《法言·问道》中有相同表述：“道、德、仁、义、礼，譬诸身乎？夫道以导之，德以得之，仁以人之，义以宜之，礼以体之，天也。合则浑，离则散，一人而兼统四体者，其身全乎！”[①]儒道两家看似对立的思想，其实在价值排序上无甚差异，两者一样认为“礼”“政”皆有所本，背后有更深层的根基与渊源。《庄子·天道》阐述道德、仁义之间的内

① 汪荣宝：《法言义疏》（上），陈仲夫点校，中华书局1987年版，第111页。

在关系，以求太平之治：“是故古之明大道者，先明天而道德次之，道德已明而仁义次之，仁义已明而分守次之。分守已明而形名次之，形名已明而因任次之，因任已明而原省次之，原省已明而是非次之，是非已明而赏罚次之。赏罚已明而愚知处宜，贵贱履位，仁贤不肖袭情，必分其能，必由其名。以此事上，以此畜下，以此治物，以此修身，知谋不用，必归其天，此之谓大平，治之至也。”① 以上文字表明在孔子或老庄的思想世界里，“政”处于天地、道德、仁义、赏罚等天人关系网络之中，其下有“刑”，其上有“礼”，有“义”，有“仁”，有“德”，有“天”，有“道”。因此，中国古典政治哲学中的“政”不是孤立的存在，要对“政”的内涵与本质有深入的理解，需要对其在天地人三才网络中的位置有深刻的体认。

《周易·系辞下》明确揭示出天道、地道、人道所谓“三才之道”：“易之为书也，广大悉备，有天道焉，有人道焉，有地道焉。兼三才而两之，故六；六者非它也，三才之道也。”《周易·说卦传》不仅说明了“六画而成卦”的缘由，而且进一步阐明天道、地道、人道“三才而两之”的内涵：“昔者圣人之作易也，将以顺性命之理。是以立天之道，曰阴与阳；立地之道，曰柔与刚；立人之道，曰仁与义。兼三才而两之，故易六画而成卦。分阴分

① ［清］王先谦：《庄子集解 庄子集解内篇补正》，中华书局2012年版，第145页。

阳，迭用柔刚，故易六位而成章。”阴阳、柔刚、仁义分别代表了天道、地道、人道的具体属性。魏荔彤《书范论》曰：“事必有政以正之，心必有政以行之，其本固在德，而用则在政。此善政立于地平天成之始，神禹则洛书之法而开洪范之基者也。”[①] 善政成立于天地之间。《礼记·礼运》表明“政必本于天”，“圣人参于天地”而“治政”的思想：“是故夫政必本于天，殽以降命，命降于社之谓殽地，降于祖庙之谓仁义，降于山川之谓兴作，降于五祀之谓制度。此圣人所以藏身之固也。故圣人参于天地，并于鬼神，以治政也。”礼、乐、政、刑目标一致，皆关乎“民心”与“治道”：“故礼以道其志，乐以和其声，政以一其行，刑以防其奸。礼乐刑政，其极一也，所以同民心而出治道也。”“礼节民心，乐和民声，政以行之，刑以防之。礼、乐、刑、政，四达而不悖，则王道备矣。”（《礼记·乐记》）而礼又是“治政安君”的重要环节：“是故礼者君之大柄也，所以别嫌明微，傧鬼神，考制度，别仁义，所以治政安君也。故政不正则君位危，君位危则大臣倍，小臣窃。刑肃而俗敝，则法无常。法无常而礼无列，礼无列则士不事也。刑肃而俗敝，则民弗归也，是谓疵国。”（《礼记·礼运》）“议事以制，政乃不迷。其尔典常作之师，无以利口乱厥官。”（《尚书·周官》）“惟德惟义，时乃大训。不由

① ［清］魏荔彤：《大易通解》十六/附录，王云五主编：《四库全书珍本初集》，台湾商务印书馆1969年版，第24—25页。

古训，于何其训。”只有合乎道，“政”才能理顺，从而有益于生民：“道洽政治，泽润生民。”(《尚书·毕命》)

虽然“政”本于天，与“地道敏树”有相类之处，但即便是文武之政也属于“人道”范围，而“为政在人”，当以“人道”之“仁义”修身，从而产生“礼”，如此才能做到知人知天：“文武之政，布在方策。其人存，则其政举；其人亡，则其政息。人道敏政，地道敏树。夫政也者，蒲卢也。故为政在人，取人以身，修身以道，修道以仁。仁者人也，亲亲为大；义者宜也，尊贤为大。亲亲之杀，尊贤之等，礼所生也。在下位不获乎上，民不可得而治矣！故君子不可以不修身。思修身，不可以不事亲；思事亲，不可以不知人；思知人，不可以不知天。”(《中庸》)

孔子虽然对于“问政”者多是因人而异答以不同的行为要求，但“仁义礼”的内在价值却始终贯穿其中：“政者，正也。子帅以正，孰敢不正？”(《论语·颜渊》)“名不正，则言不顺；言不顺，则事不成；事不成，则礼乐不兴；礼乐不兴，则刑罚不中；刑罚不中，则民无所错手足。”(《论语·子路》)“举直错诸枉，则民服；举枉错诸直，则民不服。”(《论语·颜渊》)“谨权量，审法度，修废官，四方之政行焉。兴灭国，继绝世，举逸民，天下之民归心焉。”(《论语·尧曰》)“尊五美，屏四恶，斯可以从政矣。”(《论语·尧曰》)

《尚书·吕刑》曰：“惟敬五刑，以成三德。”“有邦有土，告尔祥刑。”“朕敬于刑，有德惟刑。”“刑”作为维持政治秩序之底线，其上有“政”，有“礼”，有“义”，有“仁”，无德无道而滥施刑罚，有悖“祥刑”之初衷。“听讼，吾犹人也，必也使无讼乎！”（《论语·颜渊》）刑或法是礼崩乐坏后不得已而为之的举措，其本身不是最终目的，只是退而求其次的必要手段。“尊德卑刑”的思想在《春秋繁露》中也有多处表述：“天之任阳不任阴，好德不好刑，如是。故阳出而前，阴出而后，尊德而卑刑之心见矣。阳出而积于夏，任德以岁事也；阴出而积于冬，错刑于空处也，必以此察之。”（《天道无二第五十一》）“阴阳二物，终岁各壹出，壹其出，远近同度而不同意。阳之出也，常县于前而任事；阴之出也，常县于后而守空处。此见天之亲阳而疏阴，任德而不任刑也。”（《基义第五十三》）这种阴阳搭配的先后顺序同样解释了“威德所生”之理由：

> 天有和有德，有平有威，有相受之意，有为政之理，不可不审也。春者，天之和也；夏者，天之德也；秋者，天之平也；冬者，天之威也。天之序，必先和然后发德，必先平然后发威。此可以见不和不可以发庆赏之德，不平不可以发刑罚之威。又可见德生于和，威生于平也。不和无德，不平无威，天之道也，达者以此见之矣。（《威德所生第七十九》）

“不和不可以发庆赏之德，不平不可以发刑罚之威。”“平和”与“威德”并生，其中蕴含着“为政之理”，体现着“天之理”。

结语　多维一体的古典政治哲学体系

《尹文子·大道下》曰：“仁、义、礼、乐、名、法、刑、赏，凡此八者，五帝三王治世之术也。故仁以导之，义以宜之，礼以行之，乐以和之，法以齐之，刑以威之，赏以劝之。”[①]熊十力先生有言：“儒者之道，顺人之性而为政教。故礼乐以养德，政刑以辅德化之所不逮，常因人之善端而扶勉之，使自由发展而无所禁锢、无所折挠，将令人皆由小我而会入大己。故不遗实际生活而自脱于实际生活，以发扬灵性生活。此人生之大乐，人道之至尊也。”[②]《管子》论述刑、政、法、德、道之功用及其相互关系：“制断五刑，各当其名。罪人不怨，善人不惊，曰刑。正之服之，胜之饰之，必严其令，而民则之，曰政。如四时之不贷，如星辰之不变，如宵如昼，如阴如阳，如日月之明，曰法。爱之生之，养之成之，利民不得，天下亲之，曰德。无德无怨，无好无

① 陈高傭：《公孙龙子 邓析子 尹文子今解》，商务印书馆2017年版，第193页。

② 熊十力：《韩非子评论 与友人论张江陵》，上海书店出版社2007年版，第21页。

恶，万物崇一，阴阳同度，曰道。刑以弊之，政以命之，法以遏之，德以养之，道以明之。”（《管子·正第四十三》）[①]

从天道、地道到人道，从天德到人所“得”之“德”，再到天之“发德”“发威”而彰显出的仁义、礼乐、政刑，一以贯之，构成中国古典政治哲学的“生生”之道。《春秋繁露》对“王”字有如下训解，其内涵绝非“小康”之道可以范围，细察不难体会其中隐含的“一贯之道”：

> 古之造文者，三画而连其中，谓之王。三画者，天、地与人也，而连其中者，通其道也。取天地与人之中以为贯而参通之，非王者孰能当是？是故王者唯天之施，施其时而成之，法其命而循之诸人，法其数而以起事，治其道而以出法，治其志而归之于仁。仁之美者在于天。天，仁也。天覆育万物，既化而生之，有养而成之，事功无已，终而复始，凡举归之以奉人，察于天之意，无穷极之仁也。人之受命于天也，取仁于天而仁也。是故人之受命天之尊，父兄子弟之亲，有忠信慈惠之心，有礼义廉让之行，有是非逆顺之治。文理灿然而厚，知广大有而博，唯人道为可以参天。（《王道通三第四十四》）

① ［清］黎翔凤：《管子校注》（中），中华书局2004年版，第892—893页。

据今人考证，“王”之古字本呈斧钺之形，以此象征王权，[①]这里对“王”字的诠释已赋予“王道”新的内涵。贯通天地而参通之，循天时，知天命，治道出法而归仁，以此成就人道。邵雍《观物内篇》对昊天、万物、圣人、万民及时世之关系有如下参悟：

> 天之能尽物，则谓之曰昊天。人之能尽民，则谓之曰圣人。谓昊天能异乎万物，则非所以谓之昊天也。谓圣人能异乎万民，则非所以谓之圣人也。万民与万物同，则圣人固不异乎昊天者矣。然则圣人与昊天为一道，圣人与昊天为一道，则万民与万物亦可以为一道。一世之万民与一世之万物既可以为一道，则万世之万民与万世之万物亦可以为一道也，明矣。[②]

昊天不异万物，圣人不异万民；圣人与昊天为一道，万民与万物为一道。昊天、万物、圣人、万民同归一道，“道为天地之本，天地为万物之本”。知此，庶几可谓悟道乎？

① 参见李学勤主编：《字源》，天津古籍出版社、辽宁人民出版社2012年版，第14页。

② ［宋］邵雍：《邵雍集》，中华书局2010年版，第10页。

第六章　天下大同的理念与制度*

引言　“帝国主义”的幽灵与永久和平的前提

希腊晚期的斯多葛学派及其后继者们曾经通过“世界国家”与“万民法”等观念表达众生平等的愿望及其对人类和谐社会的向往。其后，西方世界经历了宗教帝国主义、种族帝国主义、民族帝国主义的演变过程。时至今日，这种隐形的帝国主义仍然以经济、政治、文化、军事等各种形态充斥于现代社会的方方面面。同样，中国古代文献《礼运》也表述过“天下为公”的大同理想。中国历经以周、秦之制为代表的封建、郡县时期，在天下秩序构想上虽然有所谓“天下者乃天下之天下”的观念流传后世，但

* 本章内容的初稿曾提交清华大学法学院和《中国哲学季刊》(英文)联合主办的“世界格局与文明走向”国际学术研讨会(北京2014年5月24—25日)，2018年2月修订。

始终难逃“封建天下”或“专制天下”之桎梏。萧公权先生曾反思传统中国民族思想的欠缺以及“文化帝国主义”的弊端：

> 中国先秦以来之思想虽亦严“夷夏之防”，然重文化而轻种族。当华族势盛，则进为用夏变夷之文化帝国主义。值异族入主，则退而为叛国事仇者之口实。故严格言之，中国固有之民族思想，既非彻底，亦不完全。复次，中国政治思想之对象，为略带大同主义色彩之“天下”。大意与欧洲中世之“世界帝国”相近，而与近代之“民族国家”不同。故严格言之，“国”之观念亦为先民之所未有。以不完全之民族思想，与非国家之天下观念相合，其不能臻近代民族国家之境界，实为情理中事。[1]

萧氏的上述言论虽然是基于近代国民国家（nation state）的立场，但它揭示了这种“夷夏之防”背后所隐蔽的是一种以自我为中心的“文化帝国主义”，这种“尊大”与“卑屈”相互交织的扭曲的精神结构不仅体现在中国自身的朝贡体系之中，也影响到中国周边国家的对外意识，如日本近世逐步兴起的国学思想与中华意识，越南

① 萧公权：《中国政治思想史》，商务印书馆2011年版，第919页。

和朝鲜王朝的儒家文化中心意识。[①] 探讨天下大同的理念与制度，必须以反思帝国主义的负面遗产为前提，并发掘“世界国家”“万民法”“万国法”“永久和平”“国际立宪主义”的理念与制度。

一、“世界国家”与“万民法”

萨拜因教授认为斯多葛学派提供了一种世界国家（a world-state）观念：“神和人都是这种国家的公民，而且它还有一部宪法（a constitution）——这便是正当理性（right reason），它教导人们必须做什么和不得做什么。正当理性是自然法（the law of nature）：它是有关何谓正义正当的普世性标准，它的各项原则是不可改变的，它对所有的人（无论是统治者还是臣民）都具有约束力，因而它

① 参见〔日〕渡边浩：《“泰平”与“皇国”》《“进步”与“中华”——日本的型态》，《东亚的王权与思想》，区建英译，上海古籍出版社2016年版；刘禾：《帝国的话语：从近代中西冲突看现代世界秩序的形成》，生活·读书·新知三联书店2014年版，第124页。不过，如果深入探讨先秦诸子以及春秋公羊学的天下秩序观，萧公权先生的上述论断不是没有商榷的余地，参见本章“五 中国与国际立宪主义”开头部分。近年关于“中国”“正统论”“夷夏”“民族”“族群”等概念及国家认同等问题的研究可参见以下文献：葛兆光：《宅兹中国》，中华书局2011年版；姚大力：《追寻“我们”的根源：中国历史上的民族与国家意识》，生活·读书·新知三联书店2018年版；黄兴涛：《重塑中华：近代中国“中华民族”观念研究》，北京师范大学出版社2017年版；刘浦江：《正统与华夷：中国传统政治文化研究》，中华书局2017年版；葛兆光、徐文堪、汪荣祖、姚大力等：《殊方未远：古代中国的疆域、民族与认同》，中华书局2016年版。

是神法（the law of God）。”[1]按照萨拜因的看法，“斯多葛主义倾向于设想一种拥有无数地方性分支的世界法律体系。各种地方性完全有可能因具体情势的不同而不同——这都是合理的，而整个世界法律体系的合理性却可以使这种差异不致变成对立。”[2]

我们从西塞罗（前106—前43）论“真正的法律”中看到这种思想的进一步表述：“事实上存在着一种真正的法律（a true law）——即正确的理性：它与自然或本性相符合，适用于所有的人，而且是永恒不变的。……这种真正的法律不会在罗马定一种规则，而在雅典定另一种规则，也不会在今天是一种规则，而到了明天又成了另一种规则。所存在的只是一种法律，它不仅永恒不变，而且还在任何时候都约束着所有的民族，可以说，人类只有一个共同的主人和统治者，亦即上帝，他是这一真正法律的制定者、解释者和监护者。”[3]这种“真正的法律”符合自然本性，乃上帝所造，适用于所有人，约束所有民族，永恒不变，但是这需要人类自身的觉醒：“由于这唯一并且是同一的大自然将宇宙聚在一起并支持着这宇宙，因此大自然的各个部分都相互和谐，因此人类是由自然连接起来

---

① 〔美〕乔治·萨拜因著，托马斯·索尔森修订：《政治学说史》（第四版，上卷），邓正来译，上海人民出版社2008年版，第193页。

② 同上书，第194—195页。

③ 同上书，第209—210页。

的；但由于他们的堕落，他们争吵，意识不到他们来自同一血脉并服从唯一和同一的保护力。如果理解了这一事实，人类就肯定会过着众神的生活！”[①]

罗马法学家盖尤斯（约130—180）曾区分“市民法”与“万民法”：“每个共同体为自己制定的法是它们自己的法，并且称为市民法（*ius civile*），即市民自己的法；根据自然原因在一切人当中制定的法为所有的民众共同体共同遵守，并称为万民法（*ius gentium*），就像是一切民族所使用的法。因而罗马人民一方面使用它自己的法，一方面使用一切人所共有的法。”[②] 就是说，市民法与万民法同时适用于罗马人民。东罗马帝国皇帝查士丁尼（483—565）在位期间编写的《法学阶梯》又进一步区分了“自然法”“市民法”“万民法”：“自然法是自然界教给一切动物的法律。……每一民族专为自身治理制定的法律，是这个国家所特有的，叫做市民法，即该国本省特有的法。至于出于自然理性而为全人类制定的法，则受到所有民族的同样尊重，叫做万民法，因为一切民族都适用它。因此，罗马人民所适用的，一部分是自己特有的

① 〔古罗马〕西塞罗：《国家篇 法律篇》，沈叔平、苏力译，商务印书馆2002年版，第251页。

② 〔古罗马〕盖尤斯：《盖尤斯法学阶梯》，黄风译，中国政法大学出版社2008年版，第1页。

法律，另一部分是全人类共同的法律。”[①] 自然法适用于一切动物，市民法适用于特定国家，万民法适用于全人类。

然而，这种区别于自然法，出于自然理性而适用于全人类所有民族的万民法却在其后的“上帝之城”与“世界帝国”中销声匿迹。

二、帝国主义的起源：从“上帝之城”到“世界帝国”

萨拜因这样剖析奥古斯丁的“上帝之城”：“奥古斯丁以一种尽可能最强硬的方式阐释了这样一种必然性，即一个真正的共和国必定是基督教国家。但是，他却不赞同西塞罗和其他前基督教论者所主张的这样一种观点——即实现正义乃是一个真正的共和国的使命，而他所依凭的理由却是：任何异教帝国都不可能做到这一点。”[②] 在这里，共和国与正义的理念已经沦为基督教国家的婢女，一种基于原教旨主义的宗教帝国主义悄然诞生。“奥古斯丁留下的这个遗产是危险的，它不仅使基督徒完全因统治者的一时之兴就可能被指控为异端，而且必然使教会声称自

① 〔罗马〕查士丁尼：《法学总论——法学阶梯》，张企泰译，商务印书馆1989年版，第6—7页。

② 〔美〕乔治·萨拜因著，托马斯·索尔森修订：《政治学说史》（第四版，上卷），邓正来译，上海人民出版社2008年版，第240页。

己有权监督基督徒统治者是否正统，统治者也必然会予以反击。”[①] 这种教权凌驾于王权的政教观虽经其后“两剑论”的反驳有所更正，但也出现了但丁（1265—1321）的悖论。

但丁认为教权与王权性质不同，体现世俗权力和神圣权力的“两把剑”不能由教会垄断。他说教会的根基是基督，帝国的基石是人权：“如果教会有自己的根基，则帝国也同样有。教会的根基就是基督；……而帝国的基石则是人权（ius humanum）。因此，我认为，如果教会无权离开自己的根基而必须永远以之为基础，……那么，同样，帝国也不能做任何违反人权的事。”[②] 不过，但丁此处所谓“人权”并不具备“万民法”那样的普遍性，因为他同时认为罗马人“生而治人”，并以“公理”统治世界：“我们有充分根据说罗马人是天生的统治者；因此，罗马人征服全球，是凭借公理而取得世界统治权的。”[③] 宗教帝国主义一变而为罗马人天生优越的种族帝国主义。20 世纪上半期日耳曼民族天生优越的民族社会主义以及陶醉于“万世一系”神话中的大日本帝国，都与种族帝国主义理论一脉相承。文化帝国主义、宗教帝国主义、种族帝国主义无

① 〔英〕阿兰·瑞安：《论政治》（上卷），林华译，中信出版集团2016年版，第252页。

② 〔意〕但丁：《论世界帝国》，朱虹译，商务印书馆1997年版，第75—76页。

③ 同上书，第43页。

一不是人类迈向世界和平的魔障。

三、自然权利、“万国法”与“永久和平”

西方近代国民国家观念起源于教权、王权、封建领主相互之间权力争衡与城市市民阶层的崛起。霍布斯、洛克、卢梭、休谟、亚当·斯密以“自然权利”（natural rights）或“自然自由”（natural liberty）为根基，将人类社会复杂多样的各种关系抽象为个人与共同体之间的关系，并从这种方法论个人主义视角出发，借助社会契约论，构筑了不同于往昔的近代政治社会。这种以人权和主权为根基的近代国民国家，是对中世纪封建社会多头政治的反动。从王权与市民阶层的联合到主权内涵的演变（从君主制到共和制），君主制与贵族制逐渐淡出历史舞台，而代之以“人的自然平等”：“人性平等地属于所有人，……每个人都把他人当做与自己自然平等的主体或与自己一样的人来看待。”[①] 这种“自然平等”与“自然权利”只有得到主权国家的法律保护才能落实。

人类个体的平等自然延伸到主权国家之间的平等。不同于古典时代的“万民法”（ius gentium），格劳秀斯认为“万国法”（the Right or Law of Nations）的权威与正

① 〔德〕塞缪尔·普芬道夫：《论人与公民的自然法义务》，鞠成伟译，商务印书馆2011年版，第110页。

当性来源于各个主权国家："万国法是一种在适用范围上更加广泛的法，其权威来自所有国家，或者至少是许多国家的同意。"[①] 而康德的"永久和平论"也建立在这种"万国法"观念之上。在康德看来，独立国家之间的诚信与公开的契约、互不干涉内政、逐步废除常备军是永久和平的先决条款。[②] 而永久和平三项正式条款中的第一项（"每个国家的公民体制都应该是共和制"），则是对主权国家内政的要求；第二项（"国际权利应该以自由国家的联盟制度为基础"）中的"联盟制度"区别于中世纪的"世界帝国"，它是"世界共和国"这一积极观念的消极替代品，这预言了20世纪上半期"国际联盟"的出现，属于康有为三种"合国"形态中的初级阶段——"据乱世"的"同盟之体"。[③] 康德这样解释第三项"世界公民权利"："这种权利是属于人人都有的，即由于共同占有地球表面的权

① 〔荷〕胡果·格劳秀斯：《战争与和平法》，何勤华等译，上海人民出版社2013年版，第27页。

② 这些先决条款包括：（1）"凡缔结和平条约而其中秘密保留有导致未来战争的材料的，均不得视为真正有效。"（2）"没有一个自身独立的国家可以由于继承、交换、购买或赠送而被另一个国家所取得。"（3）"常备军应该逐渐地全部加以废除。"（4）"任何国债均不得着眼于国家的对外争端加以制订。"（5）"任何国家均不得以武力干涉其他国家的体制和政权。"（6）"任何国家在与其他国家作战时，均不得容许在未来和平中将使双方的互相信任成为不可能的那类敌对行动：例如，其中包括派遣暗杀者（pecussores）、放毒者（venefici）、破坏降约以及在交战国中教唆叛国投敌者（perduellio）等等。"（参见〔德〕康德：《永久和平论》，《历史理性批判文集》，何兆武译，商务印书馆1990年版，第98—102页。）

③ 关于康有为的国际立宪主义设想下文专门论述。

利而可以参加社会，地球表面作为一个球面是不可能无限地驱散他们的，而是终于必须使他们彼此互相容忍；而且本来就没有任何人比别人有更多的权利可以在地球上的一块地方生存。”[①] 只有这种“世界公民权利”才与古典古代的“万民法”在精神上相通。这预见了哈贝马斯提出的“世界议会”两个制宪主体之一。[②]

值得关注的是康德在永久和平的保证问题上有关道德与政治关系的论述。关于共和体制的建立，康德的认识与美国联邦主义者权力制衡思想极为相似，他深信不管建国问题如何艰难，但“必定可以解决”：“因为它并不在于人类道德的改善，而只在于要求懂得那种大自然的机制我们怎样才能用之于人类，以便这样地指导一个民族中间的那些心愿不和的冲突，使他们自身必须相互都屈服于强制性的法律之下并且必须导致使法律能在其中具有力量的和平状态。”[③] 如果说“懂得那种大自然的机制”也体现

① 〔德〕康德：《永久和平论》，《历史理性批判文集》，何兆武译，商务印书馆1990年版，第115页。

② 见下文。康德在写作《永久和平论》（1795）十年之前就曾在《世界公民观点之下的普遍历史观念》（1784）一文中专门论述过“公民宪法”、“国家宪法”、“各民族的联盟”（foedus amphictionum）、“国家共同体”（Staatskörper）以及“世界公民状态”等问题。参见〔德〕康德：《世界公民观点之下的普遍历史观念》，《历史理性批判文集》，何兆武译，商务印书馆1990年版，第11、12、15、18页。

③ 〔德〕康德：《永久和平论》，《历史理性批判文集》，何兆武译，商务印书馆1990年版，第125页。

了人类的一种道德认知能力，康德的论述或许不是无可挑剔，但他想要强调的是“有治法然后有治人”：“良好的国家体制并不能期待于道德，倒是相反地一个民族良好道德的形成首先就要期待于良好的国家体制。”[1]在国际权利与世界公民权利方面，康德强调的也不是各个民族国家与其公民的道德自觉，而是大自然要求的“生气蓬勃的竞争的平衡”以及相互自利的“商业精神”，在这一点上康德与苏格兰启蒙运动彼此呼应。不管是亚当·斯密的“自然自由体系”，还是休谟的“自然正义”，背后都有“强制性的法律”存在。“使法律能在其中具有力量的和平状态”这一表述说明永久和平论中已经存在国际立宪主义的成分。

四、国际立宪主义的源流

国际立宪主义这一概念有多种表述，也称国际社会的立宪化、国际法的立宪化、国际关系的立宪化[2]，其宗旨在

① 〔德〕康德：《永久和平论》，《历史理性批判文集》，何兆武译，商务印书馆1990年版，第126页。

② 最上敏樹：『国際立憲主義の時代』，岩波書店，2007年，10頁。关于“国际立宪主义”这一概念，国内学界还比较生疏，笔者目前所见汉语世界以下论文关涉国际立宪主义：何志鹏：《国际法治：一个概念的界定》，《政法论坛》第27卷第4期2009年7月；陈喜峰：《宪政的国际法：全球治理的宪政转向》，《暨南学报（哲学社会科学版）》总第168期2013年第1期；Armin.von.Bogdandy：《国际法中的立宪主义：评德国的一个建议》，柳磊译，陈喜峰校，《国际经济法学刊》第15卷2008年第2期。

于以法律形式规范国际社会中存在的国家公权力的滥用行为，保障全球范围内的人权，维护世界和平秩序。康德的永久和平论本身已经触及这一问题。这种国际立宪主义的思想通过20世纪上半期威尔逊的“十四点”表述[①]以及国际联盟与联合国组织机构逐步制度化，并集中表现在《联合国宪章》(1945)中。而近期罗尔斯的“万民法”、哈贝马斯的“世界议会”构想使国际立宪主义的轮廓变得更加清晰。

罗尔斯说他的“万民法”(Law of Peoples)概念虽然源于“ius gentium”(调整罗马人与外国人及外国人之

国外以下著述涉及国际立宪主义问题：Nicholas Tsagourias, *Transnational constitutionalism : International and European Models*, New York : Cambridge University Press, 2007; Jeffrey L. Dunoff, Joel P. Trachtman, *Ruling the World?: Constitutionalism, International Law, and Global Governance*, New York : Cambridge University Press, 2009; Jan Klabbers, Anne Peters and Geir Ulfstein, *The Constitutionalization of International Law*, New York: Oxford University Press, 2009; Christine E.J. Schwöbel, *Global Constitutionalism in International Legal Perspective*, Boston: Martinus Nijhoff Publishers, 2011；篠田英朗：『「国家主権」という思想：国際立憲主義への軌跡』，勁草書房，2012年。

① 关于威尔逊的“十四点”及其官方注解可参见韩莉：《新外交·旧世界——伍德罗·威尔逊与国际联盟》附录一，同心出版社2002年版，第282—291页。其中，第一点近似康德永久和平的先决条件第一款：“公开的和平条约，必须公开缔结，缔结后不得有任何种类的秘密的国际谅解，而外交也必须始终在众目睽睽之下坦率进行。”而第十四点明确提出“国际联盟”的设想：“为了大小国家都能相互保证政治独立和领土完整，必须成立一个具有特定盟约的普遍性的国际联盟。”另外，1918年7月16日“豪斯交给威尔逊一个国际联盟方案”，首次使用“盟约”(Covenant)一词，在此之前威尔逊与豪斯在讨论中多使用“宪法”(Constitution)一词，参见同书第130页及147页注45。

间关系的法律），“但是，我并不是在此意义上使用‘万民法’这个术语的；我所说的‘万民法’，是指用于规制各人民间彼此政治关系的特殊政治原则”。“我将使用‘万民社会’（Society of Peoples）这个术语，去指称那些在他们彼此相处中遵循万民法理想和原则的所有人民。这些人民拥有他们自己的内部政府，这些政府可能是自由主义的宪政民主的政府，也可能是非自由但正派（decent）的政府。”[①] 他区分了五种类型的域内社会：“合乎情理的自由人民”“正派人民”“法外国家”“因不利状况而负担沉重的社会”“仁慈的专制主义社会”。罗尔斯以“公共理性”“相互性标准”“合乎情理的多元论”论证“合乎情理的万民社会”作为“现实的乌托邦”的可能性，其理论基础是他此前的“无知之幕”与“政治自由主义”。虽然正如他自己所言，这种“万民法”还只是一种“政治原则”，但作为一种国际立宪主义的理念还是值得重视的。

哈贝马斯关于“从国际共同体到世界主义共同体”的论述则明显带有国际立宪主义的色彩：“联合国应该作为一个由国家和公民组成的宪政共同体进行重新组织，同时要把核心功能限定在保障和平与实施全球人权

① 〔美〕约翰·罗尔斯：《万民法》，陈肖生译，吉林出版集团有限责任公司2013年版，第45页。

政策上。”[①]他对“世界议会”的设想可以看作是对《联合国宪章》（1945）第四章“大会”的重新思考：“世界议会由国家和公民组成，它会考虑到关乎公平的时间因素。就像今天在欧盟已经发生的那样，在世界共同体中（即使是在未来），两个制宪主体的公正视角在生活水平的实际趋同方面相互接近，这种趋同也是政治意愿之所在。这两个制宪主体的视角一个是世界公民的平均主义标准；另一个是成员国根据发展情况而区别对待的保守标准。”[②]两个制宪主体：一个代表国家，一个代表世界公民。

其实这种国际立宪主义思潮并非西方世界所独有。明治十三年（1880）日本自由民权派代表性人物曾发表《无上政法论》，其中即有“论无上政法之方法及制度”：“吾侪设立所谓宇内无上政法之大宗旨，既然欲救治宇内暴乱，改良世界陋态，以保护天下各国，使其得享安全，则其方法亦不得不力求归于此宗旨也。故其大要一言以蔽之，万国共议政府者视天下各国应当犹如天下各国视其各民，且不若专制政府将国家全域事物极力收揽中央，当最大限度脱离干涉主义，以自主自由为主，且较之国家对一人民之干涉，其干涉更为轻小，最致力于

① 〔德〕尤尔根·哈贝马斯：《关于欧洲宪法的思考》，伍慧萍、朱苗苗译，上海人民出版社2013年版，第54页。

② 同上书，第63页。

宽舒政法，不妨碍各国之自主自由也。”这里所谓“万国共议政府”云云，明显含有国际立宪主义的成分，作者还就此提出“必守法则与不得已之大纲”共十条：“第一，平常各国应派出同等人数之议员，依宪法议事，定立规则，执行事务。第二，共议政府应当常设。第三，加入共议政府之邦国，如君主政体、共和政体等，皆不过问其国政体政治如何。第四，共议政府之经费，除别法规定外，应由连合各国缴付。第五，共议政府定立国与国之间有关权义事项之法律，并得以处理国与国之间事件。第六，共议政府不得定立涉及各国国内事项之法律。不得干涉国内政治法律等所有事项。第七，各国中有罪者，由共议政府问其罪，但无论如何，不应没收其国土，只当止于刑罚。第八，共议政府对于天下，即便事物未开化之国，亦须加以保护，坚持其独立。第九，若有不服从共议政府之议，辞退其同盟者，共议政府应予许可。第十，天下有尚未立国者，有既已废国者，共议政府不得压制凌虐之。”①

当时日本的自由民权派在国内也曾有联邦制的宪法构想，但明治政府主导下的君主立宪使这些设想成为过眼云烟，此后的大日本帝国与西方殖民主义者亦步亦趋，走上对外扩张的道路。

① 家永三郎編：『植木枝盛選集』，岩波書店，1974年，74—77頁。

五、中国与国际立宪主义

中国对永久和平或天下大同的期许有深厚的本土资源。“己所不欲，勿施于人。”（《论语·卫灵公》）“己欲立而立人，己欲达而达人。”（《论语·雍也》）自己要发展，别人也要发展，损人利己不是仁道政治，一国之内如此，国家之间也如此。“谨权量，审法度，修废官，四方之政行焉。兴灭国，继绝世，举逸民，天下之民归心焉。”（《论语·尧曰》）政治上的审慎、法治政府、责任政府是内政所需；扶危持颠、公道正义是国际社会的人道之举。“克明俊德，以亲九族。九族既睦，平章百姓，百姓昭明，协和万邦。”（《尚书·尧典》）和睦和谐不仅是一国之内国民的追求，也是人类社会共同的目标。

> 我国先哲言政治，皆以“天下”为对象，此百家所同也。“天下”云者，即人类全体之谓，当时所谓全体者未必即为全体，固无待言。但其彀的常向于其所及知之人类全体以行，而不以一部分自画。此即世界主义之真精神也。……《春秋》之微言大义，分“三世”以明进化轨迹：第一，“据乱世”，“内其国而外诸夏”；第二，“升平世”，“内诸夏而外夷狄”；第三，“太

平世”，“天下远近大小若一，夷狄进至于爵”。[①]

春秋公羊学所谓“内其国而外诸夏”只是“所传闻世”（据乱世）的天下秩序观，“据乱世之诸国，各自以己国为内，而于他国，则虽诸夏之族，亦摈斥之。此以国家思想为根核，而一切政教皆本之也。在万国竞存之时，必内自固，而不可妄启事于外。故云先详内而后治外。”[②]这种本国利益至上的观念是天下秩序的最低形态；更高层次的“内诸夏而外夷狄”虽有文明程度上的夷夏之分，也只是“所闻世”（升平世）的天下秩序观，而“至所见之世，著治大平，夷狄进至于爵，天下远近、小大若一，用心尤深而详”[③]，这才是天下秩序的最高形态，也就是康德所谓人类的“永久和平”。中国古代的世界（天下）秩序观是循序渐进、不断提升的发展过程，而非某些论者所理解的所谓朝贡体系或中华意识。

1963年东亚研究会在费城举办“东亚的传统国际秩序”分组讨论会，1965年美国历史学会在洛杉矶召开“中国的世界秩序”分组讨论会。在此基础上，《中国的世界秩序——传统中国的对外关系》一书作为《哈佛东亚研

① 梁启超：《先秦政治思想史》，商务印书馆2014年版，第192页。
② 熊十力：《读经示要》，中国人民大学出版社2006年3月版，第331页。
③ ［汉］何休解诂、［唐］徐彦疏：《春秋公羊传注疏》（上），上海古籍出版社2014年版，第38页。

究丛书》(第32辑)之一，1968年由哈佛大学出版社出版。编者费正清教授在书中“对中国的朝贡关系提出大体的构想”，认为“这种定制，即中国的世界秩序，是一整套的思想和做法。千百年来，中国的统治者们不断地将这套东西加以发展，使之永久地保存下来”。“中国人与其周围地区，以及与一般‘非中国人’的关系，都带有中国中心主义和中国优越的色彩。中国人往往认为，外交关系就是向外示范中国国内体现于政治秩序和社会秩序的相同原则。因此，中国的外交关系也像中国社会一样，是等级制的和不平等的。”[①] 费正清进一步对“中国的世界秩序的源流”提出15个“假设”，如：“中国的世界最初是以农业为本的文化孤岛。”“中国的世界(天下)从未丧失其大一统的意义和文化的完整性。”“中国的世界从一开始就是等级制的和反平等主义的。”“中国的世界的主宰是天子，在理论上他具有无限权能。”“参与中国的世界秩序的异族统治者在与天子接触时，都要遵守适当的礼仪。所有这些礼仪合在一起，便形成朝贡制度。”等等。罗威廉教授认为“这种‘中国的世界秩序’模式暗示中国是孤立的、排外的、无法接纳基于对等主权与相互尊重之上的民族国家体制，且根本上受制于对文化与仪式的要求，而非响应实际的国家利益。指称朝贡贸易为中国对外商业

① 〔美〕费正清编：《中国的世界秩序：传统中国的对外关系》，杜继东译，中国社会科学出版社2010年版，第1—2页。

的基础之阐述，暗示了中国顽固地鄙视自由贸易与利益动机，而此模式确实地呈现两者为理性与进步的动力。最隐含恶意的是，如同费正清此书副标题所指出的，这种停滞与僵固的文化不仅存在清代，更包含整个‘传统中国’”[①]。杨联陞教授在其《中国的世界秩序》所收论文中曾对这种假想的“中国的世界秩序”提出异议：

> 中国的世界秩序常被描述为一个以中国为中心的等级体系。从理论上说，这个体系至少有三方面的层级：中国是内部的、宏大的、高高在上的，而蛮夷是外部的、渺小的和低下的。然而，对整个中国历史加以观察，即可发现这个多面相的以中国为中心的世界秩序，是在不同的时间，由许多真假程度不同，有时甚至子虚乌有的“事实”构建的一个神话。[②]

杨联陞教授指出“那种认为中国在1800年以前没有国际交往经验的观点是不正确的”。他认为“讨论中国的世界秩序，尽可能分清神话与事实是很重要的，两者都可彼此影响。有人也许更愿意把神话视为一个文化或

① 〔美〕罗威廉：《最后的中华帝国》，李仁渊、张远译，中信出版集团2016年版，第121页。

② 杨联陞：《从历史看中国的世界秩序》，见〔美〕费正清编：《中国的世界秩序：传统中国的对外关系》，杜继东译，中国社会科学出版社2010年版，第18页。

心理问题，但是无论如何要与政治问题区分开来”。《中国的世界秩序》虽然宣称“另外12位作者谨将此书献给哈佛——燕京中国史讲座教授杨联陞”，但杨联陞教授的异议却并未得到应有的重视，而所谓以中国为中心的“朝贡体系”的神话却从此不胫而走，广为流布，甚至连“中国人民的老朋友”基辛格也对此深信不疑：“中国眼中的世界秩序与在西方生根的制度大相径庭。”“中国与西方形成鲜明对比，它从未长期地与另一国在平等的基础上交往过。”[①]他在论述“中国与世界秩序”时言及毛泽东的秩序概念：“毛泽东的秩序概念反映了中国的古老思想，他称其为‘天下大同’。按照这一概念，强调和谐的传统儒家文化必须摧毁，在这个废墟上将出现一个全新的中国。”“在一个混乱的世界中，经过多年斗争洗礼的人民共和国最终将取得胜利，不仅在中国，而且在整个‘天下’。……”[②]从基辛格对毛泽东“天下大同”的解读中不难察觉其背后流露出的所谓“中国的世界秩序”这一神话的深刻烙印。以此先入为主的“中国眼中的世界秩序”审视中国的崛起，所谓中国威胁论在西方世界便会顺理成章。基辛格甚至将中国的崛起与二

① 〔美〕亨利·基辛格：《论中国》，胡利平等译，中信出版社2015年版，第12—13页。

② 〔美〕亨利·基辛格：《世界秩序》，胡利平等译，中信出版社2015年版，第287—289页。

战前德国的崛起相提并论：“在20世纪的欧洲，德国的崛起就对国际体系造成了这样的挑战，引发了两次灾难性战争，欧洲再也没有从中恢复过来。21世纪，中国的崛起也带来了类似的结构性挑战。美中两国（21世纪的主要竞争者）首脑承诺通过建立‘新型大国关系’，避免欧洲悲剧的重演，这一概念的具体内容仍有待两国共同阐明。”①

近代中国对世界范围内法律秩序的关注始于1864年《万国公法》的出版。清朝洋务派外交官张斯桂在《万国公法序》中说：“统观地球上版图，大小不下数十国，其犹有存焉者，则视其先王之命，载在盟府，世世守之，长享勿替，有渝此盟，神明殛之，即此万国律例一书耳。”② 从所

① 〔美〕亨利·基辛格：《世界秩序》，胡利平等译，中信出版社2015年版，第480—481页。近年赵汀阳对“天下秩序”的追溯和想象也伴随着质疑与理解。参见赵汀阳：《天下体系——世界制度哲学导论》，江苏教育出版社2005年版。对其“天下体系”的评论参见〔美〕柯岚安：《中国视野下的世界秩序：天下、帝国和世界》，徐进译，《世界经济与政治》2008年第10期；〔法〕A.乐比雄：《在时间与历史中寻找跨文化秩序——对赵汀阳“天下体系”的一些评论》，陆丁译，《世界哲学》2008年第6期。赵汀阳本人面对质疑与理解出版最新著述：《天下的当代性：世界秩序的实践与想象》，中信出版社2016年版。此外，近年还有关于“家国天下”“重建世界主义”以及“新天下主义”的讨论，参见许章润、翟志勇主编《家国天下》（《历史法学》第十卷），法律出版社2015年版；〔法〕伊夫-夏尔·扎尔卡：《重建世界主义》，赵靓译，福建教育出版社2015年版；许纪霖：《新天下主义与中国的内外秩序》，许纪霖、刘擎主编：《新天下主义》，上海人民出版社2015年版。

② 〔清〕张斯桂：《万国公法序》，《万国公法》，京都崇实馆存板，同治三年（1864）岁在甲子孟冬月镌，第3页b面。

谓“先王之命，载在盟府”“有渝此盟，神明殛之”等语来看，当时国人对“万国公法”的理解似乎还止于“盟约”或“自然法”层面。

中国人对国际立宪主义的系统思考在康有为的《大同书》乙部“去国界合大地”中有清楚的表述，并且这种表述不只停留在理念层面，而是深入到法律制度的方方面面。康氏认为“联合邦国之体有三”，当顺应“时势之自然”，不可“一时强合”：“有各国平等联盟之体，有各联邦自行内治而大政统一于大政府之体，有消除邦国之号域，各建自立州郡而统一于公政府之体。凡此三体，皆因时势之自然以为推迁，而不能一时强合者也。”[①] 他又以据乱世之制、升平世之制、太平世之制分别阐述“联盟”“联邦”“合一”这三种“合国”形态，并分析“联邦合一”之困难及逐步实现之可能，可谓中国版的“现实乌托邦”。他的《大同合国三世表》殚精竭虑，内容宏富，排列周详，循序渐进，可以作为测度人类通向大同世界不同时期的坐标系。比如《大同合国三世表》中的“大同渐行之升平世”关于“议院”就有这样的设想：“上议院由政府，下议院由公举，官吏人民各半。”“上议员为本国之代表，下议员为世界之代表。”[②] 可谓哈贝马斯“世界议会”

① 朱维铮编校：《康有为大同论二种》，三联书店（香港）有限公司1998年版，第121页。

② 同上书，第147页。

设想之先声。萧公权先生曾如此评价康有为对现代中国与世界关系的认识：

> 康有为预想的现代中国为一个独立自主的国家，通过现代化获得充分的“富强”，在保有与其自身相称的民族地位的同时，以其独特的固有文化证明其国家地位的正当性。……康氏不是一个只关心本国利益的民族主义者。儒家学说与外国历史的影响，使他成为一个国际主义者，乃至世界主义者。他的“大同”乃是包括中国人在内的全人类的最高成就。作为现代文明要素的民主与工业继续扩大和推进，成为通向完美社会的动力。现存的现代世界与即将到来的新世界之间存在连续性。①

萧公权不仅对康有为对中国与世界关系的认识有深入的理解，他本人对战后世界秩序也有系统的思考，这些思考同样不只停留在理念层面，也涉及制度操作层面。1941年8月14日《大西洋宪章》发布以后，萧公权在《战

① Kung-chuan Hsiao, *A Modern China and a New World: K'ang Yu-wei, Reformer and Utopian, 1858-1927*, University of Washington Press, 1975, pp. 597-598. 译文部分参考了汪荣祖先生的译文。参见萧公权：《康有为思想研究》，汪荣祖译，联经出版事业公司1988年版，第561—562页。

后世界和平之基础》[1]一文中根据宣言的精神阐述了三点意见：第一，和约应该基于协调精神，避免报复或处罚主义。第二，建设民主精神之国际组织。他分析了《凡尔赛和约》存在的缺点，认为“战后之国际组织必以民主之平等精神为第一义”。矫正此前国际组织采取的单一集权之制度，“以分区合作，分权合议为原则”。首先要“树立区域之国际组织，以为有关各国间合作及息争之机构。区域组织之上，别设全世界之国际组织，以为全体合作及息争之机构”。第三，培养及巩固各国之民主政治。他认为“独裁政治与国际侵略显有直接之因果关系”。因此，首要任务是改进各国的民主政治。“轴心国家以武力斗争为工具，吾人则培养和平合作之观念。极权国家认个人为毫无价值，吾人则力行民权主义，培养自治自尊之人格。独裁者以一人之私意垄断全国，吾人则本宪法之精神，培养法治之习惯。”他还谈到中国对战后世界应有的贡献：“以公平之精神贡献于和会”；“以‘王道’政治贡献于和平”；“以仁智双修之学风贡献于文化”。[2]

1943年元旦，萧公权在成都《中央日报》上发表《和平奠基之年》一文，遥想战后和平世界的到来，意识到和

---

① 萧公权：《战后世界和平之基础》，《迹园文录》，联经出版事业公司1983年版。原载《世界政治》第7卷第6期（1942年5月19日）。

② 萧公权：《中国对战后世界之贡献》，《迹园文录》，联经出版事业公司1983年版，第225—228页。原载成都《中央日报》（1942年10月20日）。

平建设的艰巨性，呼吁“和平之心理建设”的同时，强调“和平之政治建设”的重要性：“国际制度之建设，中外议论甚多，或主张大同合国，或主张联邦分治，或主张国际联合。就今日之时势与以往之经验言，大同联邦虽近理想而皆难行，国际联合已经尝试而深感不足。然则战后之国际组织，殆宜视原有之国联加强，而以稍近联邦制度为原则。”[①] 根据以上精神，他对战后的国际组织从九个方面进行了设想：（一）世界文明国应全体参加，不能例外。（二）参加之国应视为永久分子，不能有退出之权利。不遵公约强行退出之国应视作法律所不保护，随时加以严惩。（三）国际组织中之决议机关应具有一定限度内真性之立法权，一切议案应以多数表决为原则，不必求全球之一致。（四）国际组织中应有一执行机关以监督及执行一切国际法案。其权限不必严定而必须强健有力，执行机关指挥之下应设一国际宪章之组织以为执行之监督及惩戒之责。（五）原有之国际法庭应增强力量以为国际之司法机关。（六）国际组织中平等之原则应始终维持。为调剂地理及事实上之差异起见，全世界组织之下应设分区之组织。（七）各国不得在国际组织外别设有违合作精神或有伤国际利益之任何联盟任何条约，一切条约必须经国际组织之认可或备案方为合法有效。（八）国际公法或

① 萧公权：《和平奠基之年》，《迹园文录》，联经出版事业公司1983年版，第235页。原载成都《中央日报》（1943年1月1日）。

公约中应明文禁止使用武力为解决争执或取得利益之手段。自卫之军事行动应请由国际组织加以核准予以援助。（九）弱小后进民族需要扶助者，分区组织中之行政机关应负直接辅导之责任。以往一国单独管辖之委任统治制度应予废除。在阐述了以上九点之后，他又言及国家主权的问题：

> 上列九点，虽似老生常谈，而以传统之学理衡之，实不啻一非常异议可怪之论。今后之国际组织果能如此加强，则事实上将成为一有限权力之国际政府，而参加之各国，事实上将丧失其对外主权之一部分。盖以国际合作既由偶然而入于经常，由任意而改为强制，则国家之自由与独立自不免遭受相当之减削。夫自由独立之所以可贵者，非在自由独立之本身而在国民之安康利乐。国家主权对外无限制之表现既为破坏和平，引起争斗之一诱因，则为人类幸福起见，自不妨加以适可之限制。国家之尊严与立国之目的，固未尝因此而有所损失。[①]

萧公权还就中国对世界和平的贡献留下英文著述，文中提到孔子、孟子、墨子、老庄、张载、林慎思、陆九渊、

① 萧公权：《和平奠基之年》，《迹园文录》，联经出版事业公司1983年版，第236—237页。

刘基、方孝孺、黄宗羲以及《尚书》《礼记·礼运》里的思想，将中国传统思想中的“仁爱”“贵民”“王道”的理想与西方传统思想中的“博爱”“民主”“普遍和平”的观念相比较，期待中国对世界和平有所贡献。[①]

结语 从国内立宪主义到国际立宪主义

立宪主义的宗旨在于反对专断的权力，实现法律面前的平等与司法独立。迄今为止人们谈论立宪主义或宪法问题大都局限于一国内部的立宪选择，认为国际秩序问题只能由国际法来调节，而国际法又是建立在国家主权与权力均衡的现实主义理论之上。因此，军备升级、军事同盟、合纵连横、绕过联合国的军事打击、核威胁等手段也便大行其道，重复人类蒙昧时期的战争游戏。在国际秩序上人类目前还未能彻底摆脱适用于动物界的自然法的惩罚。一国之内因无序状态所导致的恶果曾使人们意识到立宪的重要性，同样，国际层面滥用国家权力的恶习更需要法律制度的有效规范。“大自然的机制”已经使人类吃尽了战争的苦果，国际联盟的失败，联合国的诞生，《联合国宪章》《世界人权宣言》的发布，以及欧洲宪法草案遭遇的挫折，都为人类思考国际范围内立宪问题留下了宝贵

① Kung-chuan Hsiao, *China's Contribution to World Peace*, Chungking: China Institute of Pacific Relations, 1945.

的知识、经验和教训。康德200年前提到永久和平的秘密条款：

> 不能期待着国王哲学化或者是哲学家成为国王，而且也不能这样希望，因为掌握权力就不可避免地会败坏理性的自由判断。但是无论国王们还是（按照平等法律在统治他们自身的）国王般的人民，都不应该使这类哲学家消失或者缄默，而是应该让他们公开讲话；这对于照亮他们双方的事业都是不可或缺的，而且因为这类哲学家按其本性不会进行阴谋诡计和结党营私，所以也就不会蒙有宣传家这一诽谤的嫌疑了。[①]

从宪法角度看，这是一个学术自由问题，属于精神自由领域。国际立宪主义的实现需要人类高度的共识、智慧以及践行能力。它不仅是哲学家的任务，也是法学家、政治学家、历史学家、社会学家、经济学家以及政治家、外交家和各国人民共同的任务。只有如此，人类才有可能循序渐进地接近这一“现实的乌托邦”。

---

① 〔德〕康德：《永久和平论》，《历史理性批判文集》，何兆武译，商务印书馆1990年版，第129—130页。

终章　为“政治”正名：中国政治思想研究的世界史意义

梁启超在《西政丛书》(1897)叙中有言：“政无所谓中西也。”他认为无论是官僚政治，还是农工商政以及教育、军事等，都是人类社会的必然产物，不必妄分东西而别内外。无独有偶，严鹤龄在《东西政治思想之变迁》一文中表述过近似的看法：“讲政治者，有谓东西之制度，截然不同。我邦人士，有称西国之制度曰西学，一若此种制度，只限于西土，而东方杳然无闻也者。西国之人，有谓东自为东，西自为西，其间划若鸿沟，而终不得相通也者。夫政之精者，必协于群理之公，通于万事之变，而无间于东土西土也。”①

有意思的是，有“西来孔子”之称的意大利传教士

① 北京中华政治学会编：《政治学报年刊》，1916年，第181页。

艾儒略曾在《西学凡》（1623）中按照当时的学科分类列举“修齐治平之学”之“三事”：“一察众事之义理，考诸德之根本，观万行之情形，使知所当从之善、当避之恶，所以修身也。一论治家之道、居室处众、资业孳育，使知其所当取、所当戒，以齐家也。一区别众政之品节，择贤长民，铨叙流品，考核政事，而使正者显庸，邪者迸弃，所以治天下也。而身既修，家既齐，国既治平，则人道庶几备矣。”[①]以此而论，修齐治平之学涵盖修身、齐家、治天下，三者相辅相成，如此才能构成完整的人道。其中的“治天下”当属于今天政治学的范畴。几乎同一时期，意大利传教士高一志留下《修身西学》《齐家西学》《治平西学》（或称《西学治平》）三种文献，而《治平西学》又包括《王宜温和》《王政须臣》《治政原本》《治民西学》四个文本，其中《治政原本》第一章叙述“修齐治”三者理一而分殊的关系：“夫修齐治三功固统一理，而惟以多寡公私之殊辨耳。修者独自之谓；齐者一室之云；治者乃众民之谓。然修齐治三者，皆正不正之意也。”[②]文中所谓“治政”区别于一身一家之政，乃是“众民”之政，“凡有道之国，自天主牖指，无不备治政之学”。同书第二章“政治孰善”，不仅出现与现代意义相

① 黄兴涛、王国荣编：《明清之际西学文本》（第一册），中华书局2013年版，第236页。

② 同上书，第612页。

近的汉字“政治”一词，并且据笔者迄今所知，在汉语文献中首次列举政体分类：“夫政固有三种：一曰一人且王之政；二曰教人且贤之政；三曰众人且民之政是也。”[①]这种政体分类显然源于两千年前亚里士多德《政治学》中的政体分类。此外，19世纪后半期花之安所著《自西徂东》以“仁”“义”“礼”“智”“信”五德绍述西学，其中“仁集”“义集”多涉及当今所谓政治或国家福利问题。于此我们看到中西政治思想或政治哲学早期在汉语世界的交汇融通与相互阐发。

但从另一角度看，茫茫宇宙，人类虽偶然同居于一个星球之上，但此星球上南北东西、山海大地、草原沙漠、高原平地，各地自然条件、气候环境迥异，生活在不同地区的人群其历史、习性皆有差异。具体到所谓“政治”领域，部落城邦、世界帝国、主权国家，发生演变路径不一，甚至对“政治”概念本身及其内涵的理解也大相径庭。

牛津大学政治学元老阿兰·瑞安在其历时30年完成的《论政治》一书导言中曾有如此感叹：“许多人和我一样，穷其一生教授所谓‘政治思想’或‘政治理论’，并就此著书立说。然而，令人惊讶的是，关于什么是‘政治

① 黄兴涛、王国荣编：《明清之际西学文本》（第二册），中华书局2013年版，第614页。

理论’却各有各的看法。”[①]施米特在《政治的概念》中认为亚里士多德从古代城邦得出的政治定义与中世纪经院学者对政治的看法“完全不同”，他虽然困惑于“人们难以找到一种对政治的明晰定义”，却独断地认为“所有政治活动和政治动机所能归结成的具体政治性划分便是朋友与敌人的划分”。“在政治的历史上，无论是国际政治还是国内政治，一旦无力或不愿做出敌友的划分，便标志着政治的终结。”[②]这一建立在主权国家权力均衡状态下对人类特定时期政治本质的认识之所以蛊惑人心，不仅有当时第一次世界大战后的国际背景，大概也有意识形态领域流行的阶级斗争等观念的浸透。通常认为，现代政治概念源于古希腊的城邦政治。共同体及其利益、集体决策的过程及其实施，构成现代政治的主要内容。然而，这种对现代政治现象的描述对深入思考政治现象背后的理论依据及其哲学基础是没有任何帮助的，它只是对现代政治现象的总结归纳，而无视“政治”的渊源与根基，不可能对政治的起源、本质及其目标获得真切的理解。城邦政治、利益政治、划分敌友的政治等主要源于欧洲的历史经验，在此演变过程中，“政治”本来丰富的内涵逐渐被抽空，个人、

① 〔英〕阿兰·瑞安：《论政治》（上卷），林华译，中信出版集团2016年版，第11页。

② 〔德〕卡尔·施米特：《政治的概念》，刘宗坤等译，上海人民出版社2004年版，第99、106、149页。

共同体与自然之间的关系在观念史上发生了历史性巨变，从柏拉图、亚里士多德到马基雅维利、霍布斯、洛克，从施米特、阿伦特到现代政治科学，各自对政治的理解迥然不同。从人类政治社会整体看，源于希腊、欧洲的政治哲学，只是理解人类政治现象的部分知识，其价值固然不容忽视，但也不应以偏概全，无视人类其他群体对政治现象的体验和对政治本质的理解。

百余年来，汉语世界对政治现象的思考受到源于西方并途经日本的深刻影响，从概念范畴的建立到知识体系的形成，都有西方乃至日本的影子。如果试图把握“政治”的性质及其内涵，必须对其概念本身与中西学科体系的历史演变及其交互影响有切实的了解和觉悟，体会学术范式转换过程中的复杂语境。日本政治学者丸山真男已意识到“‘政治’这个汉语词汇是比较新的，江户时代以前大多写做政事”[①]。虽然19世纪后半期如福泽谕吉等人的著作中已经多处出现“政治”一词，但在同时期的汉语世界里，“政治”一词的使用并不普遍。香港出版的《遐迩贯珍》（1853—1856）全部33号中，出现“政治”一词共11次，而上海出版的《六合丛谈》（1857—1868）2卷共15号中虽有“政事”“政体”“政令”以及“政度”“政化”这些或常用或冷僻的汉语词汇，却未见汉文“政治”一词。

① 『丸山眞男講義録』（第七冊），東京大学出版会，1998年，98頁。

在1848年出版的《英华字典》(*English and Chinese Dictionary*)中，“Politics”的汉语解释是“国政、政事、衙门之事”；1868年邝其照编写的《字典集成》所载“Politics”的汉语解释是“国政，政事”[①]；而1868年出版的《英华字典》卷三对“Politics”的汉语解释仅只一个“政”字。梁启超在光绪二十二年(1896)《上南皮张尚书书》中曾言“惟政治学院一门，于中国为最可行，而于今日为最有用”[②]。翌年《西政丛书》叙言提到欧洲各国“政治学院，列为专门；议政之权，逮于氓庶”。康有为1898年春出版的《日本书目志》卷五“政治门”收录《政治学》《国家学》等多种日人著述，且曰：“政治之学最美者，莫如吾《六经》也。尝考泰西所以强者，皆暗合吾经义者也。”[③]同时期张之洞撰写的《劝学篇·外篇》“设学”建言中学堂“习政治之学”。梁启超起草的《京师大学堂章程》关于学堂功课，普通学十门中有“初级政治学”，专门学十门中有“高等政治学”课目。不过，直到20世纪初，严复还以“治制”“治术”汉译“Politics”。今天习称的亚里士多德《政治学》被严复译为《治术论》或《治

① [清]邝其照：《字典集成》(珍藏版)，〔日〕内田庆市、沈国威编，商务印书馆2016年版，第78页。

② 梁启超：《饮冰室文集之一》，《饮冰室合集1》，中华书局1989年版，第105页。

③ 康有为：《康有为全集》(第三集)，中国人民大学出版社2007年版，第328页。

制论》。[①] 他还将 Edward Jenks 所著 *A History of Politics* 汉译为《社会通诠》(1904),不仅混淆“社会”与“政治”概念之间的差异,文中还以“治制”翻译“Politics”。可见当时“政治”概念在汉语世界还有飘忽不定之感。

古汉语中并非没有“政治”一词,如:“道洽政治,泽润生民”(《尚书·毕命》);“有教然后政治也,政治然后民劝之”(贾谊《新书·大政下》);“掌其政治禁令”(《周礼·地官·遂人》);“卫灵公问于孔子曰:有语寡人为国家者计之于庙堂之上,则政治矣,如何?”(《孔子家语·贤君第十三》)以上文献中出现的“政治”两个汉字多为主谓结构,“政”与“治”可以分开解释。《艺文类聚》卷第五十二“治政部”有“论政”“善政”等项。《册府元龟》卷二百二十九“僭伪部”出现“政治、求谏、听纳”等条目。商务印书馆影宋本《太平御览》卷六百二十二至六百二十四“治道部”三、四、五目录分别载有“政治一”“政治二”“政治三”,而正文部分却变为“治政一”“治政二”“政治三”。是手民讹误,还是原稿如此,不得而知。也许对宋代读者而言,“政治”与“治政”并无分别。

中国古人对“政”之本质及其目的有过深入思考。

① 严复:《严复全集》(卷三),福建教育出版社2014年版,第360、468页;同书,卷四,第51页。

《说文解字》解释“政”字曰：“政，正也。”《论语·颜渊》曰：“政者，正也，子率以正，孰敢不正？”《管子·法法》曰：“政者，正也。正也者，所以正定万物之命也。是故圣人精德立中以生正，明正以治国，故正者所以止过而逮不及也。过与不及也，皆非正也；非正，则伤国一也。故勇而不义，伤兵；仁而不法，伤正。故军之败也，生于不义；法之侵也，生于不正。”《墨子·天志上》曰：“义者，政也。”《尸子·神明》亦曰：“政也者，正人者也，身不正则人不从。”清华简《命训》也有“正之以政”的记载。[①]《春秋公羊传》更有“拨乱世，反诸正，莫近诸《春秋》”的说法。可见，政与正、中、义、法相互维系，其目的在于使邪者归正。汤武放伐之是非、先秦之“正名”“三统”“三正”“君子大居正”“正统论”，乃至荀子之《正论篇》《黄帝四经》之“道法”“君正”“五正（政）”“正乱”“称”等篇也都有以“正”释“政”的意思。从汉字字源上讲，无论“政”字还是“正”字，起初虽有征伐而使之归正

① 《清华大学藏战国竹简》（伍），中西书局2015年版，第126页。“政当作正。《诗·节南山篇》：不自为政；《礼记·缁衣篇》：作不自为正；《史记·秦始皇纪》：始皇名政。徐广曰：政一作正。是政正古通用。《尔雅·释诂》：正，长也。可置以为正者，可置以为长也。与上文可立以为长，下文可奉以为君，文义一律。”（［清］俞樾：《诸子平议》，中华书局1954年版，第2页。）另有上博简帛《从政》“正”“政”用例，可见王中江：《简帛文明与古代思想世界》附录三《从政》重编校注，北京大学出版社2011年版。

之意，但其后的诠释却使“政”的内涵不断升华[①]，正如“王”字经由斧钺之形演化为“王者通三”的诠释一样。这也佐证了剑桥学派政治思想史研究对名词、概念之时代性的洞见。

《礼记·中庸》记载：“哀公问政。子曰：‘文武之政，布在方策。其人存，则其政举；其人亡，则其政息。人道敏政，地道敏树。夫政也者，蒲卢也。故为政在人，取人以身，修身以道，修道以仁。’”朱子注曰：“敏，速也。蒲卢，沈括以为蒲苇是也。以人立政，犹以地种树，其成速矣。而蒲苇又易生之物，其成尤速也。言人存政举，其易如此。”虽然对“蒲卢”之意历来有不同解释，但不管是“人存政举”，还是“人亡政息”“为政在人”，都揭示了“人”与“政”之间的密切关系。《孔子家语·哀公问政第十七》有近似表述：“哀公问政于孔子。孔子对曰：‘文武之政，布在方策。其人存则其政举；其人亡则其政息。天道敏生，人道敏政，地道敏树。夫政者，犹蒲卢也，待化以成。故为政在于得人。取人以身，修道以仁。’”这里不仅强调“为政在于得人”，而且将“人道”置于“天道”“地道”之中，又将“政”置于“人道”之内。哀公还曾问孔子“人道谁为大？”孔子对曰：“人道政为大。”（《礼记·哀公问第

① 关于“王”“正”“政”之字源，参见李学勤主编《字源》，天津古籍出版社、辽宁人民出版社2012年，第14、111、250—251页。从郭店楚简《缁衣》竹简刻字可以看到以“正”字代替“政”字的范例。

二十七》）在孔子看来，“政”不仅与人道直接相关，而且于人道至关重要，离开人道，则无所谓政道。因此，政之为政（正），乃众人之事，不是某些特定人物可以垄断的，孔子所谓“为政以德，譬如北辰”“举直错诸枉”“是亦为政”（《论语·为政》）等说法，其意图正如朱子注解：“政之为言正也，所以正人之不正也。”“孔子立人道之极，岂有意于立儒道之极耶？”[①]萧公权先生在《孔子政治学说的现代意义》（1949）一文中曾如此总结孔子“人本主义的政治观”：

> 孔子的全部政治学说，从根本到枝节，都以“人”为其最高、最后和最直接的对象或目的。在他的学说当中，政治生活是人性的表现，是人性发展的过程，是人类活动的结果，是满足人类要求的努力。我们尽可套用美国故总统林肯的名言，把孔子的学说称作“人治、人享、人有”的政治观，因为孔子的理想托基于人的本身，所以他绝无追求玄虚理想而牺牲人类实际利益的错误。在今日狂热、冷酷、横暴、险诈风气流行的世界当中，许多人早已忘记了人的尊严，甘愿把成千成万的人用作少数仇恨者或野心家的工具。我们重温孔子人本政治的妙义，仿佛听见了清

① ［清］章学诚：《文史通义校注》（上），叶瑛校注，中华书局1994年版，第131页。

晓的钟声，发人深省。假如孔子生当今世，他一定有更恳切入时的主张，以与灭绝人性的暴政相抗。[①]

这是一位经历了20世纪前半期的政治学者的沉痛感言。他曾身处“狂热、冷酷、横暴、险诈风气流行的世界”，目睹“灭绝人性的暴政”。有西方学者认为人类历史上最大的“暴政”并非出现在古代，而是出现在20世纪，这是对人类现代文明的莫大讽刺，它迫使以文明人自居的现代人必须反省以马基雅维里、霍布斯、施米特等人为代表的所谓近代政治观。《尚书》曰：“德惟善政，政在养民。”（《大禹谟》）又曰：“在知人，在安民。”（《皋陶谟》）这是中国古人对政治本质及其目的的简要明了却意味深长的认识和理解。

虽说《礼记·大学》缺乏亚里士多德《政治学》中政体论及政治变革的内容，但亚氏《政治学》中家庭、城邦、身心教育三位一体的论述结构，与《大学》中修身、治国、平天下的纲领模式可以相互比较参照。亚里士多德所谓“政治学上的善就是‘正义’，正义以公共利益为依归”的说法，与中国古典政治哲学所谓“政者，正也”的表述也可以相互阐发。人类文明轴心时代在“政治”本质及其目的认识上的同中之异或异中之同，对两千年后困扰

① 张允起编：《中国近代思想家文库·萧公权卷》，中国人民大学出版社2015年版，第105页。

于“历史的终结”“文明的冲突”危机中的现代人而言，不仅是政治知识的启迪，更是政治智慧的唤起（invoke）。无论在政治学领域，还是在世界历史或比较哲学领域，对中国政治思想或政治哲学的研究都具有人类文明史上的重要意义。

附录一　萧公权的《中国政治思想史》及其中国政治思想研究 *

萧公权早年留美期间专攻政治哲学，师从西方政治思想史家萨拜因（G.H.Sabine）与哲学史家梯利（Frank Thilly），以 *Political Pluralism: A Study in Contemporary Political Theory*（《政治多元论：当代政治理论研究》）为题获得博士学位（1926）。其后他一直从事教学与研究，先后执教于南开大学、清华大学、台湾大学、华盛顿大学等中外高等院校，在教授政治学、法哲学、中西政治思想史、中国社会制度等课程的同时，留下了《中国政治思想史》、《迹园文录》、《宪政与民主》、《自由的理论与实际》、*China's Contribution to World Peace*（《中国对世界和平的贡献》）、*Rural China:*

* 本文原载于萧公权：《中国政治思想史》（下册），商务印书馆2011年版，第962—983页。

Imperial Control in the Nineteenth Century（《中国乡村：十九世纪的帝国统治》）、*A Modern China and a New World：K'ang Yu-wei, Reformer and Utopian 1858-1927*（《现代中国与新世界：作为改革家与乌托邦主义者的康有为，1858—1927》）等中英文著作。萧公权学术思想博厚精深，行文细密笃实，对史料的钩沉及其鞭辟入里的分析，在中国现代学术思想史上是罕见的。

萧公权虽然在《政治多元论》中丝毫没有触及中国的问题，但在归国途中却暗自确定了以后的研究计划："我认识西洋文化的优点，却不鄙视中国的固有文化，以为毫无价值，必须悉与抛弃。'全盘西化'的主张者对于中西文化未能充分了解。他们的主张是错误的。我相信中国文化和西洋文化都有优点和缺点。我们要用虚心的批评态度同时去检讨中西文化。……我立了一个志愿：我今后要利用留美所受的一点训练，所得的一点知识，去从长研究中国文化。我在美国曾研究西洋政治思想。我回国后的主要工作当是中国政治思想的研究。"[①]

归国后，他先后在各大学教授政治学概论、社会学原理、比较政府、法理学、西洋政治思想、中国政治思想史等课程。其中中国政治思想史是他投入精力最多的科目。

---

① 萧公权：《问学谏往录》，传记文学出版社1972年版，第70页。

他精心准备教学，从浩如烟海的中国历史文献中搜集有关政治思想方面的第一手材料，历时十几年，最终撰成《中国政治思想史》一书，标志着中国政治思想史这一学术领域的确立。

一、《中国政治思想史》的写作背景

梁启超曾于20世纪20年代初应北京法政专门学校之邀，讲授先秦政治思想，并抱有撰写《中国政治思想史》的计划。他阐述中国政治思想研究的价值及其意义："近二十年来，我国人汲汲于移植欧洲政治制度，一制度不效，又顾而之他。若立宪，若共和，若联邦，若苏维埃……凡人所曾行者，几欲一一取而试验之，然而名实相缪，治丝愈棼。盖制度不植基于国民意识之上，譬犹掇邻圃之繁花，施吾家之老干，其不能荣育宜也。最近穷而思返，先觉者始揭改造思想之旗以相号召。虽然，改造云者，不惟其破坏也，而惟其建设。欲革去一旧思想，必须有一新思想焉足餍人心者以代之。否则全社会陷于怀疑与虚无，结果仍让彼有传统的惰力之旧思想占优势耳。而新思想建设之大业——据吾所确信者，万不能将他社会之思想全部移植，最少亦要从本社会遗传共业上为自然的浚发与合理的针砭洗炼。信如是也，则我国过去政治思想，虽其中一部分对于世界无甚价值者，就吾国人立脚点言之，其价值不可蔑视明矣。”①

从梁启超上述的言论中不难察觉他对清末以来政治上的激进主义乃至所谓“全盘西化”主张的批判态度。为了避免社会转型时期“全社会陷于怀疑与虚无”，他认为当务之急便是对中国传统思想进行“合理的针砭洗炼”。他将研究中国政治思想史的资料分为四类：“学者之著述及言论”“政治家活动之遗迹”“法典及其他制度”“历史及其他著述之可以证察时代背景及时代意识者”，并称：“依吾之理想，欲著一部真有价值的中国政治思想史，总须将前文所举四类资料全部分贯穴镕铸之，费两三年精力，成一三四十万言以上之著作，庶几有当。”他还设想了三种研究法：“问题的研究法”“时代的研究法”“宗派的研究法”。②但由于中途患病，结果仅以《先秦政治思想史》问世。③虽然该书不仅分门别类论述了先秦诸子的政治思想，而且还探讨了“天道的思想”“民本的思想”“政治与伦理之结合”“法律之起源及观念”以及“教育问题”“乡治问题”“民权问题”等专题，但这只是他《中国

① 梁启超：《先秦政治思想史：一名中国圣哲之人生观及其政治哲学》，商务印书馆1923年版，第10—11页。

② 同上书，第12—24页。

③ 该书英译本（*History of Chinese Political Though: During the Early Tsin Period*）曾与萧公权《政治多元论》一同编入“国际心理学·哲学及科学方法丛书”（*International Library of Psychology Philosophy and Scientific Method*），出版于1930年，或许对萧公权坚定中国政治思想史研究不无影响。

政治思想史》全部计划的一部分而已。

对“五四”前后的很多人来说，“中国政治思想史”这一名词听起来或许有些生疏。20世纪20年代后期，也许是出于对新文化运动的某种反思，中国政治思想的研究逐渐受到学界的重视。除了梁启超提供的研究方法及研究成果，包括日本在内的一些东西方学者的政治思想史研究的成果及研究方法也被介绍到中国。[①]30年代以后，陈安仁的《中国政治思想史大纲》以及陶希圣、吕振羽、杨幼炯等人的《中国政治思想史》相继出版问世，但与梁启超撰写《中国政治思想史》当初的设想还有很大差距。

萧著《中国政治思想史》的撰写，从准备到完稿前后耗时近十载。萧氏研究中国政治思想史的计划始于其南开大学执教期间。当时他教授的中国政治思想没有现成的教材，他便自己动手搜集编排，颇费功夫。1932年至1937年执教清华大学期间，他除了教授当代西洋政治思想，还主讲中国政治思想史。为了便利学生作进一步的研讨，他从许多旧籍里摘选有关的资料，交人抄出，印成讲义，发给学生。抄录和排印的进度颇为缓慢，清代的资料

---

① 如刘麟生所著《中国政治理想》（商务印书馆1929年初版）中曾引用William S.A.Pott, *Chinese Political Philosophy*, New York, 1925; Thomas, *Chinese Political Thought*, New York, 1927; R G.Gettell, *History of Political Thought*, The Century Co. New York & London, 1924等外国学者的著作。朱升苹所著《中国政治哲学史》（上海元记印刷公司1931年）中曾采用日本学者五来欣造对“政治哲学”的定义。

抄写未完，七七事变爆发，不得不终止。所幸已经印成从先秦到明末总共一千四百多面的资料，这给他撰写《中国政治思想史》提供了不少方便。[①] 抗战期间，他被迫离开清华大学，辗转于四川、南京、上海等地，先后任教于四川、燕京、华西、光华、政治等大学。在此期间他最终完成了《中国政治思想史》的写作。关于当时的写作经过，他曾有如下回忆：

> 我在农家寄居两年，完成了《中国政治思想史》的撰写。我在清华任教时所编的参考资料和我历年授课所用的教材，全部带到了成都。我在城内川大任教时又从图书馆所藏的中国旧籍中搜集了一点补充资料。现在利用乡间的安静环境，着手写一部适合大学生和一般读者参考的中国政治思想史。坊间虽然已经出版了两三部中国政治思想史，我相信还有余地写一部根据政治学观点，参酌历史学方法，充分运用原始资料，尽量避免臆说曲解的书。每天晚饭已毕，稍事休息之后，我便独坐书斋，在灯下构思走笔，日复一日，很少间断。到了二十九年夏天，全书脱稿，偿了怀抱数十几年的夙愿。这书承教育部审定为“部定大学用书”，交由重庆商务印书馆于三十四

① 萧公权：《问学谏往录》，传记文学出版社1972年版，第62、90、101—102页。

年出版。[1]

二、《中国政治思想史》的特色与贡献

《中国政治思想史》全书五编二十五章，七十余万字，内容涵盖范围自先秦至孙中山。关于中国政治思想史的时代划分，萧公权在“中国政治思想史参考资料绪论”中说，“欧洲学者例分历史为上古、中世及近代之三期。吾国史家亦有沿用之者，然似不甚适于研究中国政治思想史”[2]。本书在“绪论”部分提出两种时代划分的标准：“思想演变之大势”与“思想之历史背景”。

关于前者，他首先否定了中国政治思想停滞论：“西人论吾国文化者每谓其偏于守旧。学者遂或疑吾国之政治思想亦历久顿滞，古今不变。其实中国政论变化之剧烈迅速，虽未足与欧洲相比，然吾人略加探索，即知其确经显著之重要变化……”[3] 他按照“思想演变之大势”将中国政治思想史划分为四个阶段：“创造时期”“因袭时期”“转变时期”“成熟时期”。创造时期自孔子降生（前551）至秦始皇统一（前221），为时约三百年，包括春秋晚期及战国时代，即所谓先秦时代。因袭时期自秦汉至宋

① 萧公权：《问学谏往录》，传记文学出版社1972年版，第127页。
② 萧公权：《中国政治思想史》（下册），商务印书馆2011年版，第878页。
③ 同上书，第9—10页。

元（前221—1367），为时约一千六百年。转变时期自明初至清末（1368—1898），为时约五百年。成熟时期自三民主义之成立以迄于今（本书完稿时）。

按照“思想之历史背景”，作者将中国政治思想史分为三个阶段：“封建天下之思想”“专制天下之思想”“近代国家之思想”。封建天下之思想包括春秋及战国时代，涵盖上述之“创造时期”。专制天下之思想包括秦汉至明清两千年，涵盖“因袭时期”及“转变时期”之前大部分。近代国家之思想包括清末戊戌维新及辛亥革命以迄今日（本书完稿时），涵盖“转变时期”之后部及“成熟时期”。对于这种依历史背景而进行的时代划分，萧氏解释道：“政治思想与政治制度相推移，以故政治思想史亦可按制度演变之大势而分期。吾国政制自商周以来，凡经三变。商周之际，部落社会渐进而成封建天下，此为一变。始皇并吞六国，划天下为郡县，定君主专制之制，此为二变。晚清失政，民国开基，二千年之君制遂告终止，此为三变。段落分明，早为人所共喻。吾人若按此政治制度史之段落以划分政治思想史之时期，诚极自然之事。”[①] 比起西洋学者“上古”“中世”“近代”那种通常的时代划分方法，这里提到了中国历史上传统的“封建”“郡县”的概念。“封建”“郡县”之下的政治思想均以“天下”为对象，两者

① 萧公权：《中国政治思想史》（上册），商务印书馆2011年版，第16页。

皆缺乏近代国民国家的观念。[①]这种“内在”的时代划分方法比起那种将西方历史发展模式生搬硬套在中国历史发展模式上的各种主义与方法来，可以说更符合历史真相，也更加接近中国历史自身的演变过程。

按照“思想演变之大势”进行的时代划分注意的是政治思想自身的演变过程，表现出一种“文本脉络主义”（linguistic context）的倾向；而按照“思想之历史背景”进行的时代划分关注的则是孕育政治思想的制度背景，表现出一种“社会脉络主义”（social context）的倾向。[②]前者注意的是政治思想自身的“成长”“发展”过程；后者则致力于把政治思想置于特定的历史政治制度中加以理解。正是这样，作者同时关注着政治思想自身的演变过程及其制度背景，开始了对中国政治思想史全方位、复线式的考察。

先秦时期封建天下之政治思想作为中国政治思想的原初形态，在原创性上是后世任何时代都无法比拟的。因此，要想从源头厘清中国政治思想的来龙去脉，达到正本清源的目的，先秦政治思想便具有十分重要的理论价值和历史价值。关于先秦政治思想的重要性及其历史地位，

---

① 参见萧公权：《中国政治思想史》（上册），商务印书馆2011年版，第16—20页。

② Quentin Skinner, “Meaning and Understanding in the History of Ideas”, *Meaning and Context*, Polity Press, 1988, p. 64.

萧氏在“中国政治思想史参考资料绪论”中指出：“先秦时代号称有百家之学，然政治思想之体大思精，可以成家而文献足征者，只儒、墨、道、法之四派。秦汉以后至于清初之政论，殆难出四者之范围。其间虽时有修改调和之迹，未必纯守师说，而渊源可按，先秦之影响历二千年而未绝。亦如希腊思想成为欧洲文化之永久成分。”[①] 萧氏用了大约全书三分之一的篇幅论述这一时期的政治思想。在第一编“封建天下之政治思想——创造时期”中，作者概观先秦政治思想的流派，说明其“历史背景”“地理分布”“交互影响”“时代先后”，依次考察了先秦诸子的政治思想。如果单从取材范围来看，或许没有什么特别之处，因为本书以前胡适《中国哲学史大纲》（1919）、冯友兰《中国哲学史》（1931）以及杨幼炯《中国政治思想史》（1937）也同样以先秦诸子为主要探讨对象，[②] 但作者特有的研究视角以及对研究对象的历史背景、相互关系、个性特征的缜密分析却是以前任何著作所不具备的。为了避免穿凿附会，作者回避了对《尚书》《周易》等典籍的探讨，而以历史上的先秦诸子及其政治学说作为主要的研究对象。作者从政治学的视点对各学派代表性思想家的政治思想进行取舍，大胆省略了那些与政治思想无关的

① 萧公权：《中国政治思想史》（下册），商务印书馆2011年版，第880页。

② 萧公权：《中国政治思想史》（商务印书馆2011年版），“引用书目”中列有以上三书。

内容。论述过程中，充分参考了同时代及历史上的研究成果，避开抽象的议论，对研究对象进行了详细的比较和缜密的分析。

萧氏在详细比较先秦诸子政治思想异同之际，还将先秦诸子的政治思想与柏拉图、亚里士多德、霍布斯、马基雅维里等西方政治思想家的主张以及近代民权思想、功利主义、民约论、近世“武装和平”思想、主权思想、法治观念、近代民族观念、无政府主义等相比较，明辨其异同与得失，显示出其视野的开阔及其特有的政治学视角。通过对先秦时期政治思想的比较与鉴别，一方面纠正了当时将西方政治思想附会中国政治思想的风气，另一方面也澄清了中国政治思想史上“仁政”“君子”“贵民”“无为”“大同”“兼爱”“法治”等概念的特定内涵及其意义。他排除中国历史上所谓“正统”“异端”的先入之见，不仅分析了同一学派内部如孔子、孟子、荀子之间的异同，还详细比较了儒、墨、老庄、法家以及介于各家之间的代表性思想家的政治思想，究明其立论的差异之处以及各派政治思想形成的历史背景及其内部结构，并从现代政治学的角度评判其得失。他时而批判公羊学派的穿凿附会，时而揶揄宋明理学家的正统论，不只强调了先秦诸子与西方古代和近代政治思想的异质性，也尝试探讨了中西政治思想之间的相通之处。论述过程中，《政治多元论》中使用的“政治与道德”“个人与团体”等分析视角也见诸笔端，显示了一个现代政治学者的基本立场和广阔视野。

本书第二编“专制天下之政治思想——因袭时期”论述了专制天下因袭时期的政治思想。关于秦汉至两宋因袭时期专制天下之政治思想，作者着力发掘此时期政治思想与先秦政治思想的渊源关系以及研究对象的独创性与变异性，分析中国政治思想史上新要素（如反专制思想、功利思想等）的生长及其意义，并指出与其时代背景的密切关系。作者尽力排除当时各种流行观点和先入之见的影响，破除旧说，将研究对象置于历史环境之中，通过史料具体把握研究对象的本质和特点，并对研究对象进行价值判断。很多评论都显示出作者慎思明辨、独具慧眼之处。如对魏晋时期“无为”论与“无君”论的论述，将韩愈作为专制政体的拥护者加以论断，对唐及五代时期道家之政论、宋代功利思想的重视，都清楚地表明作者试图摆脱传统儒学“正统”与“异端”等观念上的藩篱，立足于政治学的视角全面勾勒中国政治思想史的意图。

本书第三编“专制天下之政治思想——转变时期（上）”将这一时期的政治思想分为五章：“明代专制思想之反动与余波”“王守仁与李贽”“明末清初之反专制思想”“王夫之”“太平天国”。本编与前编的研究对象均为“专制天下之政治思想”，前编属“因袭时期”，本编为“转变时期”。作者论述转变时期专制天下政治思想的重点主要放在反专制的民本思想、民族思想、自由思想以及

“乡约”“社学”“保甲”等制度层面。作者在追溯此时期政治思想与先秦古学渊源关系的同时，还尝试将研究对象与西方近代政治思想相比较，揭示转变时期政治思想的特征及其历史意义。对李贽政治思想的重视在于其基于自我判断的自由思想，而对黄宗羲、顾炎武政治思想的探讨不限于其民本思想，还涉及其具体的制度论。王夫之政治思想之所以受到重视，是因为其制度论中包含的客观态度及其民族思想中蕴含的近代民族主义成分。

作者在第四编“近代国家之政治思想——转变时期（下）”以“戊戌维新”“梁启超”“戊戌前后之维新思想”“辛亥革命”四章篇幅探讨了此一时期的政治思想。虽说作者关于转换时期近代国家政治思想研究的某些结论就其本人来说也不能称为定论，[①]但作者关心的主要问题却不难察觉。他在梳理这一时期政治思想的

① 如作者对康有为的评价前后有根本性的转变，对此他曾这样解释：“二十多年前草写《中国政治思想史》的时候，我所看见康氏的著作不过是现在所看见中的一小半。他的思想，我既不能有全面的认识，也不曾作深入的剖析。因此我的论断不免有舛误的地方。例如我说，‘康氏以立宪为保皇之手段，故其所号召者为假民权。托孔子以为变法之口实，故其所号召者为假维新。’多看他的著作，细研他的思想之后，我发现这个论断几乎与真相恰相反背。现在我认为这两句话可以改为：‘康氏以保皇为立宪之手段，其所号召者为渐进之真民主。谓孔子为改制之圣人，其所企求者实为制度与思想之一体维新。’我现在的看法也未必果然正确。但就我再思所得，发我今日所见，借以纠正前此的若干误解，或者可以说是遵行‘过则勿惮改’的古训。”（萧公权：《问学谏往录》，传记文学出版社1972年版，第217页）

渊源与脉络的同时，将此时期的政治思想家与孟德斯鸠（C.Montesquieu）、穆勒（J.S.Mill）、潘恩（T. Paine）等西方政治思想家相比较，揭示其作为近代政治思想的基本性格，试图在中西政治思想史的广阔视野中理解当时的各种政治思想。民族、民权、共和、宪政、代议制、政党政治、地方自治，以及中产阶级与舆论、政治与道德、个人与公理、主权国家与世界和平、自由主义与天赋人权的关系，等等，这些都成为作者思考关注的重点。这既是他自《政治多元论》问世以来所关心的问题，也是他当时所发表政论文章的主题，无疑其中包含了萧氏本人对近代以来中国政治现实的种种思考。

三、中国政治思想研究的问题意识与方法论

萧公权在《中国政治思想史》中对王船山、严复的“科学”态度给予了很高的评价。在他的研究视角与方法中也可以察觉到与严复所谓“天演术”“历史术”“比较术”“内籀术”存在相通之处。不过，在看取研究对象历史背景的同时，贯穿全书的近代民族国家与立宪民主主义的立场也是显而易见的。无论是对以先秦法家为代表的专制思想的批判，还是对王船山、章炳麟民族思想的重视，都体现出作者基本的价值取向。萧氏曾在“中国政治思想史参考资料绪论”中对近代思想的特征有所论断：“近

代思想之主要特征有二：一曰以民族国家为思想之对象，二曰以民有、民治为政之归宿。中国先秦以来之思想虽亦严'夷夏之防'，然重文化而轻种族。当华族势盛，则进为用夏变夷之文化帝国主义。值异族入主，则退而为叛国事仇者之口实。故严格言之，中国固有之民族思想，既非彻底，亦不完全。复次，中国政治思想之对象，为略带大同主义色彩之'天下'。大意与欧洲中世之'世界帝国'相近，而与近代之'民族国家'不同。故严格言之，'国'之观念亦为先民之所未有。以不完全之民族思想，与非国家之天下观念相合，其不能臻近代民族国家之境界，实为情理中事。不仅此也。先秦以来之政论家，发扬'民为邦本'之学说者虽不乏人，然以近代之语述之，彼等大体只知'民享''民有'而未知'民治'之政治。……故古代之民本思想，乃不完全之民权思想，其去近代民主政治之观念，实有若干距离。"① 萧氏不仅对研究对象的时代背景十分重视，而且深入到研究对象的思想深处，指出其逻辑上的矛盾，评判其利弊得失，并尝试与研究对象进行对话。在此过程中流露出其《政治多元论》以来的问题意识与基本立场。萧公权比较中西政治思想的异同，探讨以先秦诸子为代表的中国政治思想的原初形态，批判了以西方政治思想附会中国政治思想的倾向；他留意于中国政治

① 萧公权：《中国政治思想史》（下册），商务印书馆2011年版，第919—920页。

思想自身的发展演变过程，探寻中国政治思想内部变化发展的契机与原因，以事实为依据，否定了所谓中国政治思想停滞论；他倚重原始资料，避开抽象的议论，对研究对象具体问题具体分析，对中国传统的政治思想不是采取轻易肯定或轻易否定的态度。这些都表现出萧氏本人作为一个兼容并包的“综合者”的学术态度。

萧公权强烈意识到自己生存的20世纪的时代环境，把中国的政治文化遗产放在人类历史的广阔视野中进行深入的反思。作为对清末以来“中体西用”“全盘西化”等议论的一种独特的回应方式，他的中国政治思想研究与梁启超中国政治思想研究的意图与计划之间存在着内在的联系，其基本立场不仅区别于“西方中心主义”的心态，也与“中国中心主义”的心态迥异。关于中国政治思想研究，萧氏不仅留下《中国政治思想史》这一鸿篇巨帙，也留下了部分专题论文，从中不难发觉其中国政治思想研究的问题意识。

在“中国政治思想中之政原论”（1934）一文中，萧氏将中国政治思想中涉及政治起源的学说分为“天命”“人归”“圣立”三种。关于“天命”说，他以儒墨诸家学说为代表，指出“神道设教”对中国古代政治思想的影响，并与西方“神权”说相比较，认为“西洋神权说之用意或在抗教会之威权或在排民权之理论，立说虽各有不同，而莫不推尊君权，欲使人主达于至隆至高之地位。……中国天命之说，天意专在爱人，君权止于利众；君尊而民不卑，天贵而人不贱；以民心之向背，占天命之得失；仁暴之分甚明，从违之辨甚显；民贼无亲，独夫可诛。此天命说所以与神权说貌相似而实大异其趣也”。关于“人归”说，萧氏举出管子、淮南子、班固、抱朴子、柳宗元等，并与西方政治思想史上的契约论相比较，认为“其相似者所论置君之目的，其不同者所论置君之手续。盖契约论以创立政长之功归之民众，而管班诸子谓始君具有超群出众之才智，立功树德，除害兴利，而后百姓尊奉之。前说为近世民治政体之先驱，后者则仅可应用于君政，此其所以异也。管班诸子谓立政所以止争，而政治之目的在于民，其大旨固近乎契约论，而柳子厚以设曹断曲直为置君之由，更有似洛克之论”。萧氏还举出《商君书》、《吕氏春秋》、陆贾《新语》、韩愈《原道》等著述，作为主张“圣立”说的代表，指出其本末倒置，与“民为邦本”之说的对立。萧氏认为，上述“天命”“人归”“圣立”三派大体以“民本君治”为主旨，为往昔的“仁惠专制”提供了理论根据。“老庄之徒崇尚虚无，政体君权皆在所摒弃之列。”因为“先秦道家如老庄俱于政原无直接之说明”，萧氏便取阮籍、鲍敬言、无能子为例阐述道家的无治思想，并与西方无政府主义思想相比较，认为“二者虽同一抨击政治，然无政府主义者不特认无政府之理想为有实现之可能，或且拟定所以实现此理想之方法，其中尤激烈者更欲假暴力以摧毁一切之制度。无治论者仅对政长示其鄙弃叹恨之情绪，而未尝谋所以改革之途。前者为革命家之抗议，后者为失望者之呻吟。故无治之论似激烈而实消极，此正与老子守雌之宗旨相符，无足怪矣”。[①]

清末以来，中国的某些论者往往有意无意地将西方的民主制度与中国文化中的固有传统相附会。20世纪40年代，有些拥护传统文化的人们认为“近代国家中的民权制度，在中国君主专制时代已经局部实行了，所以民主政治不是欧美的新发明，而是中国文化中固有的成分。中国的君主政体因此也不是专制政体”[②]。他们甚至将纳粹德国的独裁政权与苏维埃政权下的共产体制与英美民主体制相提并论，视阶级斗争与民族纷争为欧洲传统政治的固有成分，对其进行毫无分别的批判，片面夸大中国传统政治的优越性，主张复兴儒家思想。萧公权针对钱穆发表在《思想与时代》第三期（1941年10月1日）上的“中国传统政治与儒家思想”一文，撰写了《中国君主政体的实质》（1945）一文，指出其“牵强附会，名实混淆的错误”，论

① 萧公权：《中国政治思想中之政原论》，《迹园文录》，联经出版事业股份有限公司1983年版，第21—35页。有关中国政治思想史上的“无治思想”，萧氏还留有以下文章：“晋代反政治之政治思想”，同书，第153—157页。“Anarchism in Chinese Political Thought”，*T'ien Hsia Monthly*, Vol. Ⅲ, No.3, October, 1936，pp. 249—263.

② 萧公权：《中国君主政体的实质》，《宪政与民主》，联经出版事业股份有限公司1982年版，第60页。

述了中国君主政体的形成及其本质。

萧公权认为，与欧洲从古希腊的“市府”（City State）到中世纪的“帝国”（Feudal Empire），再到近代的“族国”（National State）的政体演变过程不同，中国两千余年中的政体可分为“封建天下”“专制天下”“民主政体”三个阶段。为了说明中国君主政体的实质，他首先追溯了中国专制君主政体的形成过程，并考证了“专制”一词的来源和“专制政体”的内涵，认为“中国专制政体最大的特点和欧洲专制政体相像，是君主的独尊”。“秦代行极端的专制不久覆亡。汉以后的君臣往往引为前车之鉴，设法对专制政体加以限制或粉饰。始皇以吏为师，任用刑法。汉人便改变作风，用政治的力量来表彰六艺，尊奉孔子”。作为限制君权的制度，萧氏举出“宗教的限制”“法律的限制”“制度的限制”，并列举了中国历史上很多具体事例来讨论限制君权制度的实际效力。结论认为以上各种限制的效果都十分有限，均未能动摇专制政体的根本。萧公权在文章的最后引用孙文的见解，认为“君主专制是中国微弱的一个主要原因”。①

关于孔子在中国文化史上的地位及其现代意义，萧公权在20世纪40年代先后发表了《诸子配孔议》（1944）、《圣教与异端——从政治思想论孔子在中国文化史中的地位》（1946）、《孔子政治学说的现代意义》（1949）等文章。

---

① 萧公权：《中国君主政体的实质》，《宪政与民主》，联经出版事业公司1982年版，第60—77页。

在《诸子配孔议》中，他建议“管、老、墨三子设位文庙，配享孔子，与先儒先贤一体受国人的尊崇纪念”。强调“民族文化是一个广包兼容的伟大系统，其中是没有门户界限的。我们上溯文化的渊源，追念学术的先进，必须破除狭隘的门户，一以高尚的学术为重，这样才能够认识民族文化的全体，不抹杀先知先觉分工合作缔造这个文化的伟绩”。[①]在《圣教与异端》一文中萧氏强调“民族文化是一个复杂的体系，绝不是一家一派的思想所能包括。儒家思想虽然博大宏深，有合文通治的妙用，然而它原来不过是先秦显学之一。儒家以外还有许多‘持之有故，言之成理’的学说。这些学说都是先民思想的结晶，中国文化的泉源”[②]。萧公权破除儒学“独尊”的虚象，指出孔子思想的封建宗法背景，认为“应当对先民的成绩加以了解、分析、评量、抉择。评量抉择的标准，不是任何一时一代、一家一派的主观意见，而当于全体文化、全部历史中求之。传统学者所定圣教与异端的区别，正是儒家主观的标准，我们不敢轻于接受”[③]。

在《孔子政治学说的现代意义》一文中，萧公权详细论述了孔子“人本主义的政治观”，指出：“孔子的全部政治学说，从根本到枝节，都以‘人’为其最高、最后和最

① 萧公权：《诸子配孔议》，《迹园文录》，联经出版事业公司1983年版，第245—246页。

② 萧公权：《圣教与异端——从政治思想论孔子在中国文化史中的地位》，《迹园文录》，联经出版事业公司1983年版，第36页。

③ 同上书，第55页。

直接的对象或目的。在他的学说当中，政治生活是人性的表现，是人性发展的过程，是人类活动的结果，是满足人类要求的努力。我们尽可套用美国故总统林肯的名言，把孔子的学说称作‘人治、人享、人有’的政治观。因为孔子的理想托基于人的本身，所以他绝无追求玄虚理想而牺牲人类实际利益的错误。在今日狂热、冷酷、横暴、险诈风气流行的世界当中，许多人早已忘记了人的尊严，甘愿把成千成万的人用作少数仇恨者或野心家的工具。我们重温孔子人本政治的妙义，仿佛听见了清晓的钟声，发人深省。假如孔子生当今世，他一定有更恳切入时的主张，以与灭绝人性的暴政相抗。”①

萧公权认识到孔子思想的两个方面——时代性与超时代性。②《诸子配孔议》（1944）、《圣教与异端》（1946）以及《中国政治思想史》阶段主要强调和分析的是孔子思想产生的历史背景及其时代性。而《孔子政治学说的现代意义》（1949）则在看取孔子思想的超时代性的同时，立足于人本主义的立场，对20世纪前半期人类历史上的独裁与暴政进行了彻底的批判与挞伐。

《中国政治思想史》目录中列有“第五编近代国家

① 萧公权：《孔子政治学说的现代意义》，《迹园文录》，联经出版事业公司1983年版，第74页。

② 关于思想史研究的动机与方法，可参见渡边浩对本杰明·史华兹：《古代中国的思想世界》（*The World of Thought in Ancient China*）的书评，《中国——社会与文化》（日文）第七号，中国社会文化学会1992年。

之政治思想——成熟时期”，但构成其全部内容的“第二十五章孙中山”却以“本编缺文”交待。据本书“凡例”解释：“本书第五编，原稿沦陷，仍存其目，以明原委。”不过，在本书出版前发表的“中国政治思想史参考资料绪论”中却多少可以了解萧公权对孙文思想的评价。“绪论”对孙文思想做了如下总结：

> 中山先生思想异乎寻常之处虽多，而其最重要之特点，似在其融通中西，调和新旧，以集成为创造之伟大能力。……盖中国固有思想之中，已有者政治之原理，所缺者现代之制度，所长者人格之修养，尚无者富强之科学。先生思想所以必须有规抚欧洲学说事迹之处者，其故或在于此。……故先生之政治思想会通中外，融旧铸新。……故适应现代之需要。盖处20世纪之时不精通先秦以来之学术不足为中国之思想家，不精通欧美之学术不足为现代之思想家。此二条件，先生皆具，而又加之以慎思明辨，集成综合之创造能力，中国现代政治思想至先生而始成立，固非出于偶然矣。[①]

从上文不难察觉，萧公权看重的是孙文政治思想中

① 萧公权：《中国政治思想史》（下册），商务印书馆2011年版，第935—937页。

“慎思明辨，集成综合之创造能力”。萧氏对孔子政治思想也有近似的看法：“孔子政治思想之来源与意义，后学所加之解释不尽相同，似以孟子‘集大成’之说为最近是。集大成者，以盛周之制度为背景，根据《诗》、《书》及前人已有之学说，加以新创之见解，调和融通而成新思想系统之谓。”[①] 对孙文与孔子的上述评价，大概可以看作萧氏自身的投影。其实，他对黑格尔、拉斯基、康有为等所谓集大成者的认识也带有这种倾向，[②] 这也构成其中国政治思想史研究的一大特色。西方政治理论及西方政治思想是他学术研究的起点，而中国政治思想的研究却是他归国后的主要工作。不过，他的中国政治思想研究无论是问题提起的角度，还是研究的立场或方法，都不再是中国传统学术所能包容的了。他的中国政治思想史研究有意无意中继承了梁启超以来“新史学”[③] 的观念和方法，并能够对古今中西的思想家和政治学者的研究成果融会贯

---

① 萧公权：《中国政治思想史》（下册），商务印书馆2011年版，第880页。

② 萧公权对黑格尔、拉斯基、康有为的评价可参见拙著《宪政、理性与历史：萧公权的学术与思想》（北京大学出版社2005年版）第一章及第四章相关内容。

③ 关于中国近代史学史上“新史学”的学术特征，可参阅齐思和：《近百年来中国史学的发展》，《燕京社会科学》第二卷（1949年10月）；L. Schneider, *Ku Chiehkang and China's New History: Nationalism and the Quest for Alternative Traditions*, University of California Press, 1971；王宇信、方光华、李健超：《中国近代史学学术史》第二编“近代史学方法”，中国社会科学出版社1996年版。

通。萧氏《中国政治思想史》是继梁启超、杨幼炯同类著作后的一部里程碑式的著作，该书作为此一研究领域迄今为止能够享誉世界的最高成就，在中西学术界的地位是有目共睹的。[①]萧氏《中国政治思想史》的问世标志着“中国政治思想史”这一崭新研究领域的最终确立，其突出特点正在于作者“慎思明辨，集成综合之创造能力”。从体裁来看，它区别于通常的思想史、哲学史、文化史、制度史、政治史、社会史，是立足于政治学的视点对中国思想史的全面考察，因此政治学与历史学的素养是研究的必备条件。如何站在与传统“治术”不同的视角，对浩如烟海的中国历史典籍中有关“政治”的言论进行系统深入的总结和分析，是保证中国政治思想史研究的质量与水准的关键所在。它要求作者必须同时精通现代政治理论与中国历史典籍，两者缺一不可。在萧氏之前，政治思想史的研究在西方学界虽然已经颇具规模，但中国政治思想史的研究却从未能引起西方政治学者的充分重视。格特尔（R.G. Gettell）的《政治思想史》（*History of Political Thought*）只有一页多谈到中国政治思想，[②]而雅勒（P.Janet）、邓宁（W.A.Dunning）等政治学大家“或谓中

---

① 目前该著已有英文、韩文译本。有关该书的特质、学术地位及其对战后台湾地区学界的影响请参见黄俊杰：《萧公权与中国政治思想史研究》，《台大历史学报》第27期（2001年6月）。

② R. G. Gettell, *History of Political Thought*, The Century Co. New York & London, 1924, pp. 28-29.

国无政治思想，或谓其浅陋零碎不足观”[1]。萧公权不为当时西方学术权威的论断所左右，认为“中国不特自有其政治思想，且其思想亦具有不可否认之价值。其异于欧美者不在价值之高低，而在性质之殊别”[2]。通读萧氏《中国政治思想史》不仅能够加深对中国政治思想本身的理解和认识，而且也能感受到作者对中西政治思想的融会贯通，充分显示了作者“自辟蹊径的史识”（great originality of conceptualization），其学术价值自不待言。

萧公权避开“类型学”或“纯历史的”研究方法，[3]注意到研究对象的历史背景，将各时代的政治思想置于中西政治思想史的广阔视野中，横向或纵向地考察了各流派政治思想之间的相互关系，不仅动态地把握其个性及意义，而且对研究对象进行了恰如其分的价值判断。

① 关于此点，可参见Thomas, *Chinese Political Thought*, New York, 1927, Chapter Ⅰ, Introduction；萧公权：《中国政治思想史》（下册），商务印书馆2011年版，第875页。

② 见萧公权：《中国政治思想史》（下册），商务印书馆2011年版，第877页。

③ 卡尔·曼海姆认为现代政治理论有三种可能的研究方法，即“类型学”的方法、“纯历史的”方法，以及介于前两者之间的第三种方法：“在抽象系统化和直接历史化之间选择中间道路。”他认为“类型学”的方法“超然于历史时刻之外，也与同它们所涉及的具体社会情况无关。这种类型学用一套平淡的系列来排列理论，至多为了区分它们而试图发现某些纯理论原则”。而“纯历史的”方法虽然“不把理论从其直接的历史背景中割裂出来……但这种方法犯了一个刚好相反的错误——过分紧密地依恋于历史”。（〔德〕卡尔·曼海姆：《意识形态和乌托邦》，黎鸣、李书崇译，商务印书馆2002年版，第177—178页）

这使人联想到卡尔·曼海姆的"关系论"[①]或"历史主义"(Historismus)。伊斯顿在其《政治体系》一书中，将现代政治理论的衰退视为向历史主义的衰退，并举出邓宁(W.A.Dunning)、麦基尔韦恩(C.H.Mcllwain)、萨拜因(G.H.Sabine)作为其中的代表。他虽然偶尔言及卡尔·曼海姆的著作，但对其宗旨不仅没有深入的理解，反而在某种程度上站在"类型学"的立场，无视三者在政治理论史研究上的贡献和20世纪"历史主义"内部的种种分歧，草率地指责他们研究中的"相对主义"倾向，并冠之以"历史主义"加以批判。[②]

《政治多元论》书末目录列有邓宁《政治理论史》(W.A.Dunning, *A History of Political Theories from Rousseau to Spencer*, New York : Macmillan Co., 1922)，本书"引用书目"中列有麦基尔韦恩《西方政治思想发展史》(Mcllwain, Charles H., *The Growth of Political Thought in the West*, 1932)。萧氏写作《中国政治思想史》过程中虽然未必直接接触到萨拜因的《政治学说史》，但

① "关系论只表明在一个特定的环境中的含义所有成分的相互关联，并在特定的思维框架中从这种相互关系中取得其意义。这样的一种含义系统只是在特定类型的历史存在中才是可能的和有效的，它一度为这一类型的历史存在提供了恰当的表现形式。当社会状况改变时，先前产生于它的准则系统便不再与之相和谐。"(〔德〕卡尔·曼海姆:《意识形态和乌托邦》，黎鸣、李书崇译，商务印书馆2002年版，第87页。)

② 〔美〕戴维·伊斯顿:《政治体系——政治学状况研究》，马清槐译，商务印书馆1993年版，第219—249页。

萨氏政治学研究的基本倾向在其早年的《政治多元论》中已经有所体现。如此看来，萧公权的中国政治思想史研究从方法论上来说明显受到上述三人的影响。但是，如果将这种影响仅仅归于“相对主义”的影响，未免过于草率和鲁莽。如果非要将他们的研究方法断定为“历史主义”不可，那决非戴维·伊斯顿自己别出心裁所认定的“相对主义”意义上的“历史主义”，大概更接近于恩斯特·特罗尔契（Ernst Troeltsch）或卡尔·曼海姆曾经反复辨正、竭尽全力为其正名的“历史主义”。这种意义上的历史主义，既是卡尔·曼海姆政治社会学或知识社会学的预备知识，也是其中的重要组成部分，而“相对主义”恰恰是其致力克服与超越的对象。

附录二 《中国近代思想家文库·萧公权卷》导言*

萧公权（1897—1981）祖籍江西泰和，1897年11月29日生于江西南安，6岁时跟随伯父移居四川西部的崇庆州。据萧公权自传《问学谏往录》回忆，他6岁时开始接触《史鉴节要》《地球韵言》《声律启蒙》《千家诗》等文史读物，在学习《论语》《孟子》《国语》等典籍的同时，还学习英文和日文。12岁时他偷读过在父亲遗物中发现的《民报》。少年时代的萧公权从师家庭教师何笃贞，五年期间通读《十三经》，精读《纲鉴易知录》，养成博览的习惯与作文的能力。留美期间，何氏还常与萧公权通信，并以“通古今，贯中西”相勉。[①] 1915年，萧

* 本文原载于《中国近代思想家文库·萧公权卷》，中国人民大学出版社2015年版，第1—21页，有删改。

① 萧公权：《问学谏往录》，传记文学出版社1972年版，第3—22页。

公权从四川来到上海，成为上海中国基督教青年会中学三年级学生。1918 年 8 月，考入当时作为留美预备学校的清华学校，成为该校高等科三年级学生。在学期间，他向《清华周刊》投稿，编辑过《民钟》日报。当时的他既反对“打倒孔家店”，也反对“全盘西化”，认为“救国必先读书”。[①]1920 年，24 岁的萧公权开始了为期六年的留美生涯。留美期间，他起初就读于密苏里大学，在政治学者萨拜因（G.H.Sabine）教授的示意与指导下，完成了有关政治多元论的硕士论文。其后，他放弃到哈佛大学学习的机会，在萨拜因教授的推荐下，选择萨氏的母校康乃尔大学，从师哲学家梯利（Frank Thilly）教授，从事政治哲学的研究。1926 年取得博士学位毕业后，辗转于中外高等院校，先后执教于南开、东北、燕京、清华、四川、光华、政治、台湾、华盛顿（西雅图）等中外大学，从事法哲学、政治学理论、政治思想史、中国社会制度等学科的教学和科研工作，并留下了《中国政治思想史》、《迹园文录》、《宪政与民主》、《自由的理论与实际》、*China's Contribution to World Peace*（《中国对世界和平的贡献》）、*Rural China: Imperial Control in the Nineteenth Century*（《中国乡村：十九世纪的帝国统治》）、*A Modern China and a New World: K'ang Yu-wei*,

① 萧公权：《问学谏往录》，传记文学出版社 1972 年版，第 33—39 页。

Reformer and Utopian, 1858–1927（《现代中国与新世界：作为改革家与乌托邦主义者的康有为》）等中英文著作。此外，除了散见于各种学术期刊的论文及书评以外，《不列颠百科全书》中也可以找到萧公权撰写的条目。这些著述以现代西方政治理论、中西方政治思想、中国传统政治社会制度等为主要研究对象，广泛涉及政治多元论与政治一元论的关系、立宪主义与民主主义诸问题、民族主义与世界主义之关联、现代化问题、保守主义、自由主义、乌托邦思想等等。萧公权学术思想博厚精深，行文细密笃实，对史料的钩沉及其鞭辟入里的分析，在中国现代学术思想史上是罕见的。此外，他对近代以来中外现实政治与世界政治经济体制的深刻洞察与论述，无论在当时还是现在，都是富有启迪意义的。

本卷所选萧氏论著分成五个部分："中西政治思想""宪政与民主""政治评论""自由社会主义与自由的理论与实际""大学教育与学术独立"。下文依次介绍所选篇目背景及内容，敬请读者参考指正。

一

萧公权在其英文博士论文《政治多元论》中没有涉及中国问题，但归国途中暗自确定了以后的研究计划："我相信中国文化和西洋文化都有优点和缺点。我们要用虚心的批评态度同时去检讨中西文化。……根据这认识，我立了一个志愿：我今后要利用留美所受的一点训练，所得的一点知识，去从长研究中国文化。我在美国曾研究西洋政治思想。我回国后的主要工作当是中国政治思想的研究。”[①]归国后，他先后在各大学教授政治学概论、社会学原理、比较政府、法理学、西洋政治思想、中国政治思想史等课程。其中，“中国政治思想史”是他投入精力最多的科目。他精心准备教学，从浩如烟海的中国历史文献中搜集有关政治思想方面的第一手材料，历时十几年，最终撰成《中国政治思想史》这一巨著，标志着中国政治思想史这一学术领域的确立。本卷所选《中国政治思想史参考资料辑要凡例》（1940）与《中国政治思想史参考资料绪论》（1943）可以了解他从事中国政治思想史研究的基本态度和大致内容。

公权先生在其《中国政治思想选读》（国立清华大学讲义，民国二十三年排印本）“凡例”中有言：“汉唐以后‘子部书’渐少，‘集部’渐多，各家政论亦渐趋重实际之问题。至于原则之研讨，有系统之理论，殆绝无而仅有。兹编在可能范围内尽量选录讨论政治原则之著作。”他在“中国政治思想史参考资料辑要凡例”中又说：“二千余

① 萧公权：《问学谏往录》，传记文学出版社1972年版，第70页。

年中之政论，汗牛充栋，不可悉收。若按西洋政治思想史家之严格标准以定去取，则秦以后之著述，合格者又悉甚寡。兹编选录之标准有二：一曰尽量收录有理论价值之文献，二曰酌量收录有历史价值之文献。其纯乎针对一时一地实际问题而发之政论则不选入。”[①] 他看重中国古代典籍中涉及“政治原则”“理论价值”部分，说明他的中国政治思想研究有很强的政治哲学背景，与所谓只问“事实”不问“价值”的所谓客观主义或价值相对主义不同。作为对清末以来“中体西用”“全盘西化”等议论的一种独特的回应方式，萧公权的中国政治思想研究与梁启超中国政治思想研究的意图与计划之间存在连续性，其基本立场不仅区别于“西方中心主义”的心态，也与“中国中心主义”的心态迥异。关于中国政治思想研究，萧氏不仅留下《中国政治思想史》这一鸿篇巨制，也留下了本卷所收部分专题论文，从中不难发现其中西政治思想研究的问题意识。

《拉斯基政治思想之背景》（1932）是萧氏硕士论文、博士论文关于政治多元论问题研究的继续，可以约略了解其西方政治思想研究之一斑。萧氏对拉斯基多元论思想的基本态度，着重于分析其思想渊源及其得失。实际上，萧氏对拉斯基的思想在某种程度上存在着共鸣之处：“吾

① 萧公权:《中国政治思想史》(下册)，商务印书馆2011年版，第873页。

人于赖氏（指拉斯基——笔者注）学说虽有所论评，而实同情于其基本之态度。赖氏既非旧式之个人主义者，亦不采极端之社会主义。就其全部思想观之，实为一种折中综合之新论。而其综合之原则，则为一种富有人文主义色彩之伦理观念。”[①] 在《中国政治思想中之政原论》（1934）一文中，萧氏将中国政治思想中涉及政治起源的学说分为“天命”“人归”“圣立”三种。关于“天命”说，他以儒墨诸家学说为代表，指出“神道设教”对中国古代政治思想的影响，并与西方“神权”说相比较。关于“人归”说，萧氏举出管子、淮南子、班固、抱朴子、柳宗元等，并与西方政治思想史上的契约论相比较。萧氏举出《商君书》、《吕氏春秋》、陆贾《新语》、韩愈《原道》等著述，作为主张“圣立”说的代表，指出其本末倒置，与“民为邦本”之说的对立。萧氏认为，上述“天命”“人归”“圣立”三派大体以“民本君治”为主旨，为往昔的“仁惠专制”提供了理论根据。他取阮籍、鲍敬言、无能子为例阐述道家的无治思想，与西方无政府主义思想比较。萧氏此前发表的《晋代反政治之政治思想》（1932）中已经论及“消极之无治主义”的特征及其时代背景，并且认为当时“国难”严重，“不亚晋时”，颇有借古喻今之义。

---

① 萧公权：《评张士林译赖斯基〈政治典范〉》，《天津益世报 · 政治副刊》1930年5月27日。

二

“在民国二十一年到三十七年当中，我发表过若干讨论政治的文字。为数不多，但涉及的范围颇广。‘立言’的宗旨在促进中国政治的现代化。”[①]萧公权认为“现代化工作的枢纽是政治的现代化”，而现代政治又至少包含两个要点：民主化与制度化。“这两点其实是一种政治的两方面：凡是真正民主化的政治必是制度化的政治。民治与法治是相依为用的。”[②]他的政论围绕着宪政与民主问题展开，以《宪政与民主》（1948）为题结集出版。

萧公权有关宪政的最初政论文章是《施行宪政之准备》（1937）一文。作为实施宪政的准备，他首先强调了事前教育与训练的重要性，其见解的透彻在同时代人当中是罕见的。与独裁国家强制灌输信仰的做法不同，萧公权强调的是理智的自由发展与思想的自由运用，认为宪政以人民的智力水平为基础，因而自由主义的教育首先应当注重训练人的理智。他继而分析了当时中国国民的心理状态，指出其在理智与感情两方面均欠训练的事实，认为造成此种状况的重要原因是教育方针的不确定以及传统的

① 萧公权：《问学谏往录》，传记文学出版社1972年版，第187页。

② 萧公权：《政治上的最后胜利》，《迹园文录》，联经出版事业公司1983年版，第215页。

习惯。他批判了先秦以来中国传统教育理想的不足之处，认为“盖世不能有缺乏理智之道德，而道德实寓于大智大慧品格之中。若就‘国民道德’而言，则在宪政国家之中，除理智之人生观外，更无有较适宜于平等自由精神与乎自治会议制度之公民理想也”。有关理智的人生观与言论自由的关系，他在《说言论自由》（1940）一文中强调培养“自由之言论”的重要性：“何为自由之言论？发自独到之思考，根诸事理之观察，尊重他方之意见，而不受自己感情之支配，或他人主见之指使者是也。”在萧公权看来，“盖非言论自由无以宪政，非行宪政无以得言论自由。”宪政与言论自由具有密不可分的关系，而富于“理智”的“自由之言论”又是言论自由的关键。他以当时的意大利、德国以及苏维埃政权为例，揭示出其极权主义与愚民政策的本质，强调养成“自由独立之理智生活”的重要性。

20 世纪 30 年代上半期，以《独立评论》为中心，曾展开“民主与独裁”的论争。有些人鉴于民国以来地方割据、军阀混战的政治现实以及欧洲各国近代国家发展的历史经验，以当时中国国民教育程度和中国所处的国际形势为由，公开打出拥护独裁的招牌。对此，胡适与张佛泉等站在民主主义立场对独裁论进行了正面反驳。1936 年 5 月 5 日，国民政府明令宣布“五五宪草”，民国时期的宪政运动出现新的转机。胡适和张佛泉在《独立评论》上发表各自的见解，主张国民党应该及时公开政权，尽早结束训政，引起关于宪政与训政问题的讨论。[①]

张佛泉在《独立评论》第236号（1937年5月30日）上发表《我们究竟要什么样的宪法？》一文，指出国人对宪政的误解，逐一批判了梁启超的开明专制论、孙文的训政论以及梁漱溟基于其乡村理论得出的宪法实施尚早的结论。在张佛泉看来，宪政“应是个生活的过程，决不是个死的概念”，“宪政随时随地都可以起始”，所谓训政阶段是不必要的。胡适与张佛泉的主张相呼应，在《再谈宪政》一文中重申几年前的观点，认为民主宪政不是什么高不可攀的政治制度，最适合训练缺乏政治经验的民族。针对张、胡两人的见解，萧公权撰写了《宪政的条件》（1937）一文表明自己的立场和观点。萧公权基本上赞同张、胡两人的立场，但认为“实行宪政固然可以（并且应当）随时起始，而培养民治气质的教育也应当时刻注重”。此外，作为实施宪政的条件，除了“读书识字”这种最低限度的条件以外，他还举出两个极端重要的条件：“尊重法律的习惯”和“依法发表政见并服从多数的习惯”。为了避免被人误解，他重申自己的立场：“我对于张、胡两先生随时可以开始宪政的意见是同情的。我认为除实行宪政外，别无其它训练宪政能力的方法。我们不能再蹈袭前人‘训政论’的错误。然而我们也不要轻视了我国人民

① 此时期关于宪政问题的舆论动向可参见荆知仁：《中国立宪史》，联经出版事业公司1984年版，第401—409页。

的弱点。我们虽不可于实行宪政之外求训政，却必须于实行宪政之中努力‘养成民治气质’。”萧公权虽然对训政论的思想背景表示理解，但明确反对实施宪政之前的所谓训政阶段，认为只有在实施宪政的过程之中才能提高国民运用宪政的能力。他认为《大学》中“未有学养子而后嫁者也”一句话，可以做一切训政论的答复。

萧公权在20世纪30年代发表的有关民国宪政的言论，主要关心的是实施宪政的条件以及在宪政实施过程中如何提高国民行宪能力等问题。进入40年代，他继续关注中国宪政的发展进程，并作为宪政实施协进会（1943年11月成立）的会员，对有关宪政筹备事项，向政府提出建议。[①] 他在《宪政卑论》（1943）一文中阐明欧美宪政思想的三层含义：“一曰国家当有至尊无上之基本大法以规定政府之职权。二曰人民之权利当受此大法之保障，不容任何人士或法令之侵削。三曰国家治权当以法律为最高之形式。”关于“宪政”与“民治”之关系，他认为“民治之精义在以民决政，宪政之精义在以法治国。民治为体，宪政为用。二者相辅以行而现代民主国家之实质乃具”。他还给宪政作了一个浅近的诠释：“宪，法也；政，治也；宪政者法治也。”将“法治”与“宪政”等量齐观。他在《宪政实施后之中央政制》（1944）中多次重申宪政

① 参见萧公权：《问学谏往录》，传记文学出版社1972年版，第173页；荆知仁：《中国立宪史》，联经出版事业公司1984年版，第433—437页。

实施过程中国民守法习惯的重要性，强调公民的政治责任，并对健全的舆论、实行宪政的信心等基本问题予以高度重视。

萧公权在《怎样研究宪草》（1944）一文中强调了研究宪草对认识中国宪政的根本意义及其历史意义的重要性，认为可以分别从学理或原则、立法技术及实际效用等方面，采取各种形式进行多角度的宪草研究。通过对宪草的研究，不仅可以反映国民的意见，使宪草趋于完善，还能引起国民对于宪政的兴趣，促成国民对于宪法的了解。他在成都广播电台《宪政的心理建设》讲稿（1944 年 5 月 19 日）中针对当时民众对宪政的冷淡、怀疑态度以及认识上存在的模糊，认真分析其中原因。有关宪政的本质，他在《宪政二疑及其答复》（1944）中认为“它是一种政治制度，也是一种政治习惯。前者成于法律的创造，后者成于心理的修养”。并号召知识分子应该负起宪政先锋的责任。在《英美民主政治》（1944）一文中他强调英美国民超乎制度之外的历史及心理条件，并对民主政治的由来与特质进行了思考。他将英美一般人民具有的自尊自重的心理归之于基督教义及自由主义传统的熏陶，强调了英美人民对政治的兴趣和修养以及明确的权利观念和守法习惯。

第二次世界大战刚一结束，“联合政府”的构想便在中国浮出水面。各党派及社会人士纷纷提出自己的政见，围绕着未来中国的宪政体制展开激烈论争。众所周知，此一时期中国的政局变动是以国民党、共产党、民主同盟、青年党以及无党派阶层为中心展开的。基于1945年的国共会谈，后经各党派多次协商，1946年1月召开了各党派参加的“政治协商会议”。会中，宪法草案组前后举行会议五次，决定组织宪草审议委员会，协议宪草修改原则十二项。会后，宪草审议委员会参酌宪政期成会修正案、宪政实施协进会研究结果及各方意见，制成“五五宪草修正案”。[①]但由于国民党内部保守派以坚持“五权宪法”为由修改了政治协商会议决议的一部分，从而招致其他政党的不满，共产党与民主同盟拒绝参加1946年11月15日召开的制宪国民大会。各党各执己见，以邻为壑，最终未能达成政治上的共识，最终经过内战以“革命”方式实现了政权更迭。[②]在这充满危机和希望的转折时期，萧公权在《制宪与行宪》(1946)一文中列举大量古今中外实例，从历史和现实的角度出发对完美主义者的心态进行了批判。面对当时各党各执己见、毫不妥协的政治僵局，萧公权提出了他的“妥协论”:“这样的制度势必成于各方面的善意妥协。妥协不一定是坏事。对不同意见的妥协，为了获取有用的结果而妥协，为了避免决裂分争而妥

---

① 参见荆知仁:《中国立宪史》，联经出版事业公司1984年版，第437—445页。

② 此一时期的政治史可参见Lioyd. E. Eastman, *Seeds of Destruction: Nationalist China in War and Revolution, 1937-1949*, Stanford University Press, 1984。

协——这样的妥协可以说是民主政治的一个运用原则。妥协是让步、是谅解、是宽容、是在尊重自己主张之时也尊重别人的主张。如果毋意、毋必、毋固、毋我是儒家圣人的美德，愿意服从自己所不满意的决议，接受自己所不满意的主张便是民主政治家的雅量。”

《中华民国宪法》于1946年12月25日在国民大会三读通过，并于翌年1月1日由国民政府明令公布，部分人士对其抱着冷淡和敌视态度。萧公权撰写《宪法与宪草》(1947)一篇长文，将“五五宪草”“政协原则”“孙文学说”逐一进行比较，详细分析新宪法的内容。在他看来，孙文学说不过是一个象征，而实现一个民主法治的国家才是最终目的。有关国体问题，他在《论宪草中的国体》(1946)与《宪法与宪草》中都认为没有必要专门将“三民主义”写进宪法条文，放在前言部分即可。他虽然意识到宪法个别条文的欠妥，但认识到宪法本身的妥协性，因此并不对其求全责备，而是呼吁早日实施宪政，将修订工作留待他日。作为相反的例子，他举出苏联宪法，揭示出其毫不妥协的一党独裁的本质。[①] 萧公权还在《宪法与宪草》一文中提出关于一般宪法的几个基本认识：“第一，就各国先例说，民主宪法多成于妥协。”“第二，凡由妥协而成的宪法，可能适用，但不能‘完美’。”“第三，

① 参见萧公权：《宪政与民主》，联经出版事业公司1982年版，第140、142、156、170页。

各国宪法在初行的时候，难免受一部分人士的反对。……宪法的成败系于条文是否完美者较少，而系于行宪精神是否忠实者较多。……制宪不在求精，顾力行如何耳。”对于观察宪法问题的基本立场，他在《宪法与宪草》中说：“笔者所取的观点，简言之，是超党派的‘客观’观点。所谓客观者，就是依据一般政治学的原理和具体的事实，以推测宪法所规定的制度是否可行，在实行的时候可能发生些什么结果。”他在《宪政的心理建设》（1944）一文中引用荀子的话自勉：“是非疑则处之以远事，验之以近物，参之以平心。”“以仁心说，以学心听，以公心辩。”努力使自己的观点保持公正和客观。20世纪30年代，他虽然理解训政论的思想背景，却明确反对训政论者将训政与宪政割裂开来的做法，站在胡适、张佛泉等人一边，认为不可于实行宪政之外求训政，而必须于实行宪政之中努力养成民治气质。40年代在宪政问题上倡导的“妥协论”也是在历史地、综合地考虑了各方意见的基础上提出的，表现了一个超党派政治学人立足现实、统观全局的广阔视野和深厚学养。

萧公权在宪政问题上主张的妥协论是在总结了古今中外的宪政经验和20世纪前半期中国历史进程中一次次失败教训后得出的结论，是他对当时风雨飘摇之中的中国政治的一种深刻的认识和诚挚的忠告。然而，这些真知灼见在充满暴力性思维定式的政治掮客们面前却没有丝毫的感召力，他们习惯的是明争暗斗、纵横捭阖、权谋术数；考虑的是一党之私、一家之言、个人权威；相信的是铲除异己、结党营私、暴力革命。其实这些都不过是清末以来“保大清不保中国”的旧戏重演，在将武力当作解决所有政治矛盾的最后手段的时候，任何人类的良知和智慧都不复存在，其结果只能是咎由自取，重蹈覆辙，陷民众于水深火热之中。这再一次从反面论证了萧公权所强调的“民主修养”和“法治习惯”对中国社会的良性发展是多么重要。当我们回首20世纪中国所走过的坎坷历程的时候，萧公权对世人的忠告仍然值得每一个中国人扪心自问、深思反省。

萧公权对中国宪政问题的关注还表现在他对当时的选举、政党政治以及中央与地方关系等问题的论述中。在缺乏宪政经验的20世纪40年代的中国，选举过程中的贿赂、枪杀等种种不法行为时有发生。对此，萧公权在《低调谈选举》（1946）中认为“不能因噎废食”，“选举不一定能够宣达民意，拔举优贤，但至少可以作为多数预政，遏暴防专的一个有用方法。选举纵然有时为灾，总比受害于世袭的君主专制或永久的独裁政治要较可忍受一些”。他将选举视为民主政治和宪政制度不可分割的成分，当作学习民主政治的过程，作为宪法实施的准备。基于上述考虑，他在《论选举》（1947）文中认为在当时情势下，应该“尽量使合法政党在选举当中发生作用”，“尽量给知识分子以参加选举（不是候选）的便利”，还“应当从早给青年人以学习运用民主政治的机会”。关于政党组织与选举的关系，他认为“政党是选举的动力。没有政党的组织就不能有民主的选举”。“有了选举，必然就有人操纵，与其让不负责无组织的野心家去暗中操纵，不如让合法的政党去公开操纵。”“如果政党能够在选举中发生合法的作用，就是推行宪政的一个初步成绩。以政党作竞选的主力虽然不是‘全民’的竞选（假如事实上有这种竞选），但总比官僚包办、豪绅把持或恶霸强取要更加接近民主政治一些。”政党政治是现代社会保持政治稳定的一个重要条件。对此，萧公权在写作《政治多元论》的时候已经有了清醒的认识。但是20世纪上半叶的中国政治史上除了政治暗杀、军阀混战，便是一党独裁、言论统制，无论是执政党还是在野党，都很难说对政党政治的精神有深入清醒的认识。20世纪30年代中期，鉴于当时国内外的政治局势，萧公权在《当前的三个问题》（1935）一文中虽然未明确主张取消“党禁”，但认为“党禁虽不必开，言禁却不可不开”。强调应该严格划分党政两者之间的界限。40年代发表的《中国政党的过去与将来》（1947）一文则比较全面地表明了他有关中国政党政治的立场和见解。文中首先回忆了民国以来中国政党的历史：“民元以来，中国的政党凡经三变。在第一期里面，各政党同时公开并存，国民党大体上在野活动。在第二期里面，国民党独掌政权，各党派秘密活动。在第三期里面，各党派公开活动，与国民党合作或斗争，国民党开放政权，但仍为执政的主体。”他接着论及孙文有关政党政治的主张，同时表明自己的见解：“在三期的变动当中包藏了若干政治的不安以及政党的失败。然而纵观全局，孙先生的基本政党主张是不曾错误的。他主张民主政治必须靠合格的政党来运用，政治的进步必须赖政党的互相监督而保持，政治的竞争必须以和平的政党竞争为手段。这些都是民主宪政的天经地义。他后来虽然为了应付环境的需要而提出了仿效苏俄的主张，但他的目标还是在实现民主的政党政治。专政与训政不过是过渡的办法。还政于民与各党问政才是最终的鹄的。现在第三期各党并立的局势约略恢复了民国初年第一期的局势。然而这不是退步，而是经过绕弯之后回到了宪政的正途。这不是失败而是孙先生基本主张的终究实行。”在萧公权看来，民主宪政必须依靠合格政党的正常运作，而专政与训政只是过渡的办法，本来不是孙文主张的最终目标。“为了获取正常的监督起见，一个民主国家必须要有健全的，经常存在的反对党。……这样才能作将来运用宪政的有效准备。”萧公权认为这才是孙文的本意。无疑这也是他自己的见解。可悲的是这种常识性的认识在相当长的历史时期内并没有得到很多中国人的普遍理解。只要我们回顾一下中国政党政治的曲折历史，就不能不痛感中国政党政治的有名无实。

辛亥革命虽然在名义上结束了两千余年的专制王朝，但建设近代国民国家的进程却举步维艰。20世纪上半叶的中国之所以使现代国家的建设屡屡受挫，除了来自外部的因素外，另一个重要的原因就是未能解决好中央与地方的关系。清末以来，有关中央与地方的关系，联邦制的构想始终未曾销声匿迹，20世纪20年代初期的“联省自治”运动曾得到很多激进派人士的支持。中央与地方的紧张关系是造成现代中国国家建设屡遭挫折的重要原因。20世纪30年代，在内忧外患之中，中央与地方的关系重新成为人们无法回避的重要问题之一。

萧公权对民国时期的中央与地方关系的关注始于抗日战争全面爆发前一年的“两广事件”。当时广东、广西的将领以抵抗日寇为借口，无视中央的命令，北上占领了湖南的部分城市。对两广将领的举动，当时的舆论大多持批评态度。[①] 因为这不仅无益于全国统一抗日，反而有酿成内战的危险。萧公权在《均权与均势》（1936）一文中对陈之迈发表在《独立评论》上的《论中央与地方的关系》一文提出异议，认为陈之迈的主张“过于热心均权制度的实现，同时似乎过于轻视政治统一的价值，而有对地盘主义让步的危险”。进而强调“为消灭地方集权起见，

① 参见张奚若：《对于两广异动应有的认识》，《独立评论》第207号；张佛泉：《国人与时局》，《独立评论》第208号；齐思和：《两粤事变和中国统一》，《独立评论》第213号。

地方政府必须军民分治，而全国的军令必须统一于中央。为培养地方健全的政治能力起见，必须推行地方自治，消除地方专制”。其实，对一个月以前发生的“两广事件”，萧公权在《以中国攻中国？》（1936）一文中就严厉地指责过事件主谋者的过失：“中央政府以往及现在对内对外的措置固亦不免有错误的地方。但是用分崩离析的手段来矫正中央的错误，不只是将错就错，必至于一误再误，不到亡国不止。有心降敌，是卖国的行为。同室操戈，授人以隙，是误国的行为。”陈之迈对萧公权的意见进行了反驳。他强调了单一国家（Unitary State）与统一国家（Unified State）概念的区别，认为萧公权混淆了“统一”与“集权”两个概念。他又重提民国以来“联省自治”的问题，表明了自己联邦制的设想，并且幻想有一部《均权法》来解决中央与地方的矛盾关系。[①]对此，萧公权在《均权与联邦》（1936）一文中重申了自己的立场：“陈先生《论中央与地方的关系》一文虽然讨论一个政制的基本问题，似乎也是针对‘两广事件’而发的。我同意他所主张的均权原则，但不同意他所建议实行这个原则的方法。”他再次强调了自己的立场：“要实行均权，须先统一，须先除去地方的‘集权’。第二，要除去地方的‘集权’，须促成军权的统一（地方的军民分治）及人民的自治。第

① 陈之迈：《论均权与统一》，《独立评论》第211号（1936年7月26日）。

三，均权制度成功的条件，是各级政府大体上具有法治的习惯。”他还将当时中国的“地方”区分为“县”和“省”，认为“我们可以按照均权的原则，充分扩张县市的自治权，却并不必须增加省的独立性”。萧公权认为统一的国家包括单一制国家和联邦制国家，“均权”不是联邦制国家的专利：“我们所赞同的均权制不一定是联邦制，而单一的国家也可以均权。”这不只是针对陈之迈个人的意见，也是对清末民初以来联邦论的异议。对“县”的自治权的重视可以从康有为、孙文的思想中找到源头。除此之外，他还留下了一些有关县政建设的具体意见。

20 世纪 30 年代，萧公权在《论县政建设》（1936）一文中分析因民众积习以及经费匮乏等原因造成的县政建设的困难，呼吁训练县政建设人才的重要性。考虑到地方恶势力的存在，他强调事前应该“精筹熟划”。40 年代，他根据自己亲身的调查，在《地方民意机构的初步检讨》（1946）一文中检讨地方民意机关的得失，认识到“自治是宪政的基础，地方民意机关是自治的命脉”。他从历史和法律的角度分析了当时中国县以下民意机关的本质，认为当时地方民意机构的设立既是战时所需，也是为了实施宪政的准备，是“训政”的产物，不是正式的地方民意机构。他继而详细分析了调查地区的县、市临时参议会或参议会以及乡、镇民代表会和保民大会等民意机构的性质和机能，将其视为“训政”民意机构。认为虽然其本身存在种种不足，但作为实施宪政的准备以及学习运用民权的手段，也有一定意义。应该观察其中的得失，为建设将来的自治制度提供参考。

三

20世纪三四十年代是世界史上的动荡期。法西斯主义在德国和意大利的蔓延、日本军部的对外扩张以及国际联盟的名存实亡，使各国被迫卷入世界范围的军备和战争的泥潭。20世纪20年代末，战前日本脆弱的政党政治逐步崩溃，军人内阁全面掌握了内政与外交的主导权。对中国来说，当时首要的敌对国无疑便是日本。萧公权在《中央外交方针如何转变》（1933）一文中指出欧美与日本之间的对立，一面关注中央政府的外交方针的走向，一面思考在复杂的国际局势下中国如何自处的问题。他在《中苏关系》（1936）一文中指出中苏两国之间政治制度与理想的差异、苏联对中国内政干涉的嫌疑及其帝国主义的一面，但认为为了亚洲的和平，有必要迅速调整中苏关系。

1936年后半期，国际局势与中日关系日趋恶化，中国的国防问题迫在眉睫。此时，萧公权面对国内舆论，在《救国的前线与后方》（1936）中强调“有组织是救国最低限度的一个条件”。劝说民众应该力戒情绪性的爱国活动，同时意识到当时中国军备与财力的不足，呼吁应该切实地做好准备，并表明了一旦敌我开战应采取“相持战”的想法。他在《建设有兵的文化》（1936）一文中指出“征兵制”与“募兵制”的区别，认为“无兵的文化”是募兵制的结果，而有兵的文化要靠征兵制维持。国难当头，他强调“兵役不仅是人民的义务，亦且是人民的权利”。此后，世界局势进一步恶化。萧公权撰写《中华民族与和平》（1936）一文，指出1936年的世界大势恰似1914年以前的大战前夕：“和平尚未绝望，战机却已潜伏。”虽然中国国力薄弱，无法挽回世界劫运，但必须讲求自身的保全之策，应该“充实国防，扩充军备”。他冷静地指出：“从古以来，世界上的国家穷兵黩武的固然终久失败，缺乏战争力量的也要为他人所吞灭。强权固然不是公理，但是没有强权，公理也会失去保障而消沉。在‘人性’没有重大改变之先（如果是可能的话），我们虽明知战争的痛苦，也不能不作战争的准备。”在民族危难之际，这里流露的是他对世界政治的现实主义认识及其民族主义思想，而他对战后和平世界的期待则带有强烈的国际和平主义色彩。

1941年8月14日《大西洋宪章》发布以后，萧公权在《战后世界和平之基础》（1942）一文中根据宣言的精神阐述了三点意见。第一，和约应该基于协调精神，避免报复或处罚主义。第二，建设民主精神之国际组织。他分析了《凡尔赛和约》存在的缺点，认为“战后之国际组织必以民主之平等精神为第一义”。矫正此前国际组织采取的单一集权之制度，“以分区合作，分权合议为原则”。首先要“树立区域之国际组织，以为有关各国间合作及息争之机构。区域组织之上，别设全世界之国际组织，以为全体合作及息争之机构”。第三，培养及巩固各国之民主政治。他认为“独裁政治与国际侵略显有直接之因果关系”，因此，首要任务是改进各国的民主政治。“轴心国家以武力斗争为工具，吾人则培养和平合作之观念。极权国家认个人为毫无价值，吾人则力行民权主义，培养自治自尊之人格。独裁者以一人之私意垄断全国，吾人则本宪法之精神，培养法治之习惯。”他还谈到中国对战后世界应有的贡献：“以公平之精神贡献于和会”；“以‘王道’政治贡献于和平”；“以仁智双修之学风贡献于文化”。

1943年元旦，萧公权在成都《中央日报》上发表《和平奠基之年》一文，遥想战后和平世界的到来，意识到和平建设的艰巨性，在呼吁“和平之心理建设”的同时，强调“和平之政治建设”的重要性：“国际制度之建设，中外议论甚多，或主张大同合国，或主张联邦分治，或主张国际联合。就今日之时势与以往之经验言，大同联邦虽近理想而皆难行，国际联合已经尝试而深感不足。然则战后之国际组织，殆宜视原有之国联加强，而以稍近联邦制度为原则。”根据以上精神，他对战后的国际组织从九个方面进行了设想，并言及国家主权的问题。国际组织与国家主权的关系在今天也是令人困扰的问题。萧公权基于自己的学识和观察提出的各种见解，在今天从事国际政治的专家看来或许存在不同的评价，但他综合把握历史、现实、理想的学术态度，却不能不令人刮目相看。他在提到国际和平的制度构想时对国内民主政治的强调，也使人想到卢梭、康德的国际和平论乃至康有为的《大同书》。他还就中国对世界和平的贡献留下英文著述，文中提到孔子、孟子、墨子、老庄、张载、林慎思、陆九渊、刘基、方孝孺、黄宗羲以及《尚书》《礼记 · 礼运》里的思想，将中国传统思想中的“仁爱”“贵民”“王道”的理想与西方传统思想中的“博爱”“民主”“普遍和平”的观念相比较，期待中国对世界和平有所贡献。[①]

四

萧公权不仅关注当时中国以及国际社会的政治现实，而且对 20 世纪世界政治经济体制等重大理论问题进行了深入思索。他在 20 世纪 40 年代后半期提出的两种“民主”和“自由社会主义”理论就是值得后人关注的重要理论之一。

20 世纪 40 年代后期，萧公权就政治自由与经济平等的关系展开系统的论述。他在《四年演变，两个阵营，一

① Kung-chuan Hsiao, *China's Contribution to World Peace*, China Institute of Pacific Relations Chungking, China, 1945.

条出路》(1947)中认为:“自从十八世纪以来,欧美先进国家在政治自由的环境之下收获了民主宪政和资本经济的两大果实。然而贫富不均的分配制度,减少了民主政治所给予人民的幸福。”“人类只有在政治自由和经济平等的综合体系之下方能得到光明的出路。”战后不久中国国内不断深化的政治腐败,因美苏对立而逐步形成的冷战格局,这些都有着深刻的政治经济体制的远因。针对当时中国国内政治腐败的状况,萧公权在这一时期曾写有《中国的政治病》(1947)、《别良莠、明赏罚、立法纪》(1947)等文章,指斥“官僚资本”“豪门资本”以及政府官员的贪污、无能,呼吁在法律下严惩特权势力。在他看来,政治自由与经济平等同样重要,单方面强调自由或平等,正是形成资本主义与共产主义对立的原因所在。同年,他在《说民主》(1947)一文中将上述观点用“政治民主”与“经济民主”的概念加以说明。关于“民主”的内涵,萧公权使用林肯的“民有”(of the people)、“民治”(by the people)、“民享”(for the people)的概念进行说明以后,进而分析自由主义者与共产主义者对“民主”理解的差异。在萧公权看来,自由主义者与共产主义者虽然都向往“民主”,但两者对“民”的看法存在着差异。其人道主义的立场是显而易见的。他还指出自由主义者与共产主义者两者之间明显的差异。依萧公权之见,自由主义者与共产主义者虽都承认“民有”的观念,但对于“民治”与

“民享”两者的着眼点却不尽相同。前者看重“民治”，后者强调“民享”。萧公权试图调和两种不同民主的方法，认为“关键在于民治民享两重点的平衡。自由主义过于忽略民享，共产主义过于蔑视民治。调和的途径就在民治与民享的兼顾并重”。在萧公权看来，调和自由主义与共产主义的方法在于避免过分单方面地强调“民治”或“民享”，而应两者兼顾。他举出英国工党的社会主义与三民主义加以具体说明，并在说明自己的主张及其历史背景之后，提及“自由社会主义”的概念。

“自由社会主义”（Liberal Socialism）这一概念见于霍布豪斯（L.T.Hobhouse）《自由主义》一书之中，[①] 霍布豪斯认为密尔“在自传中关于社会主义理想的简短陈述恐怕始终是我们所拥有的关于自由社会主义的最佳总结性说明”[②]。但是在霍氏看来，“像社会主义这样一个名词有许多含义，可能既有一种反自由的社会主义，也有一种自由的社会主义”。[③] 为了阐明“自由社会主义”的内涵，霍氏在《自由主义》一书的“经济自由主义”一章中首先举出两种与自由主义毫不相干的社会主义——“机械社会主义”与“官僚社会主义”。他认为前者“立足于对历史

① 参见〔英〕霍布豪斯：《自由主义》，朱曾汶译，商务印书馆1996年版，第57、83、88页。

② 同上书，第57页。

③ 同上书，第83页。

的错误解释，把社会生活和社会发展现象归于经济因素的单独作用”，而后者的精英意识“在本质上是同民主或自由毫不相干的”。他继而对“自由社会主义”作了如下描述：“如果真有自由社会主义这样一种东西——到底有没有还是一个有待研究的问题——它必须明确地符合两个条件。第一，它必须是民主的。它必须来自下面，而不是来自上面。或者不如说，它必须来自全社会为争取更大的正义以及更好的互助组织所作的努力。它必须进行这种努力，不是服从一小撮超人的真实愿望，而是服从绝大多数人的真实愿望。第二，为了这个理由，它必须重视人。它必须让普通人在他真正关心的个人生活中自由发挥。它必须立足于自由，必须支持个性的发展而不是支持对个性的压制。”[①] 霍氏这里强调的“民主”“正义”“互助”，以及“自由”“个性”等观念，显然是区别于把个人作为工具并以此实现抽象的人类理想的社会主义。从对人的“个性”的强调，以及关于个人与社会关系的认识，可以看出霍氏的“自由主义”对传统自由主义的继承与发展：“自由主义是这样一种信念，即社会能够安全地建立在个性的这种自我指引力之上，只有在这个基础上，才能建立起一个真正的社会，这样建立起来的大厦，其基础深厚广阔，其范围无法予以限制。这样，自由与其说是个人的权利，

---

① 〔英〕霍布豪斯：《自由主义》，朱曾汶译，商务印书馆1996年版，第88页。

不如说是社会的必需。”[①] 在霍氏看来，“每一个人的权利所服从的公共利益乃是一种每一个人都能分享的利益”[②]，无视每个人具体的利益而片面强调所谓公共利益，同样是抽象的。值得重视的是，霍氏的“平等”观念也是建立在对“个性”的充分理解之上的。“因为共同利益包括每一个人。它建立在个性上，要求让社会每一成员有充分发展个性的机会。这不仅是法律面前权利平等的基础，而且也是所谓机会均等的基础。”[③]

胡适在 1926 年 10 月 4 日致徐志摩的书信中曾使用过“自由的社会主义”（Liberal Socialism）这一概念：“近世的历史指出两个不同的方法：一是苏俄今日的方法，由无产阶级专政，不容有产阶级的存在。一是避免‘阶级斗争’的方法，采用三百年来‘社会化’（Socializing）的倾向，逐渐扩充享受自由享受幸福的社会。这方法，我想叫他做‘新自由主义’（New Liberalism）或‘自由的社会主义’（Liberal Socialism）。”[④] 胡适是否读过霍布豪斯的著作，并从中得到启发或受其影响，这些都无关紧要。重要的是他意识到“应该”有这样一种“主义”，通过渐进的改良，逐步扩充每个

① 〔英〕霍布豪斯：《自由主义》，朱曾汶译，商务印书馆1996年版，第61—62页。

② 同上书，第64页。

③ 同上书，第65—66页。

④ 耿云志、欧阳哲生编：《胡适书信集（1907—1933）》（上），北京大学出版社1996年版，第386页。

人的自由，从而达到人人共享幸福的社会。遗憾的是胡适并没有将这种直感扩展开去，根据自己对“自由”的理解，建立一套“自由社会主义”的理论。在中国现代思想史上，这项工作是由萧公权完成的。①

萧公权在1947年8月2日发表的《二十世纪的历史任务》一文中，明确提出“自由社会主义”的概念，并将其作为人类20世纪的历史任务。按照萧公权的解释，自由社会主义区别于“传统的自由主义”“正统的社会主义”以及“民主的社会主义”。它可以说是“传统的自由主义”与“民主的社会主义”折衷的产物。“自由”与“平等”都是自由社会主义的必要条件，两者缺一不可，并不存在孰轻孰重的问题。我们固然可以在政治思想史上发现其渊源，但如此详尽的阐述则可以说是基于萧公权自身的自由观。1948年6月，萧公权应上海光华大学的邀请进行学术演讲。当时的讲稿后略加修改，同年10月以《自由的理论与实际》这一书名由商务印书馆作为“光华大学丛书”之一出版。萧公权在书中以“自由的历史基础”“自由的误解与真解”“自由秩序与道德”共三讲系统阐述了自己的自由观。萧公权详细阐述了自己的“遂生达意”的自由观以后，对“自由”做了如下总结：“第一，自由不是消极地不受拘束而是积极地满足人性。因此自由

① 萧公权在其晚年的著作中曾言及胡适的“自由社会主义”，参见萧公权：《康有为思想研究》，汪荣祖译，联经出版事业公司1988年版，第463页。

不仅是个人权利的享受，而是生活本身的表现。一个人愈作生活的努力便愈有自由。社会当然应该保障个人的自由。但假如个人不努力生活，不努力于遂生达意的活动，社会纵然规定人民有某些自由，自不长进的个人还是没有多少自由。不但如此。努力便是进步。近代人类的文化便是遂生达意活动的结果。因此我们可以说，不进步便是不自由。《周易·乾卦》说：'天行健，君子以自强不息。'自强不息的人才是真正自由的人。第二，自由不仅是个人天性的满足，也是人类社会性的满足。爱类和互助的心理产生了合群的现象。合群的事实又产生了人我交互的关系。个人的自由也因此必须制度化，必须受社会的指导与管制。但自由既是个人自己天性的满足，管制自由的制度也必须由人民自己去选择运用。自由不是个人不受拘束，但自由只能在民主的拘束之下而安全存在。"这里强调的是对"自由"的积极态度以及对其社会性的理解。我们不难发现萧公权"遂生达意"的自由观与新自由主义的"积极的自由"之间的相似性。但同时不容忽视的是他使用《中庸》《周易》等中国古代典籍中的语言对自由的内涵加以解说的意图。这里不仅留下了他对中国政治思想与西方政治思想研究、思索的痕迹，也体现了他的自由观两重融合（自由与平等的融合、中西思想的融合）的特点，同时也流露出他对人类自由的普遍性与共通性的理解与追求。

五

萧公权在20世纪上半叶思考着学术与政治的关系，批判大学教育中存在的“实用主义”和“党化教育”的倾向，积极倡导学术独立，呼吁“大学自治”的早日实现，他对教育的本质、学术独立的真谛均留下掷地有声的真知灼见。

作为一名大学教授，他首先关心的是学术的独立以及国家的教育政策。在《如何整顿大学教育》（1933）一文中，他着眼于教育的性质和功用，对所谓“学以致用”的实用主义态度进行了批判。他以中国传统教育中的“科举”制度为例，对所谓“书中自有黄金屋”“扬名声，显父母”“出将入相”“经邦治国”等观念进行了挞伐。在萧公权看来，以学问为手段，对其内容毫无兴趣，只是出于名利的诱惑，不得已而从事学术教育工作，无异于旧时代的科举心态。虽说宋明理学家提出的“格物致知”说与西方的科学精神并非毫无契合之处，[①]但最终还是与治国之术相附会，未能摆脱传统的窠臼。与此相反，他区别“治学”与“治事”，强调学术本身的价值，阐明培养“学以求知”

① 萧公权曾与熊十力对话，认为“朱子‘格物致知’的思想，显然带着西洋科学思想的意味”。（参见萧公权：《问学谏往录》，传记文学出版社1972年版，第112页。）

风气的重要性，认为不应该“把高等普通教育与专门或职业教育混为一谈”。对学者而言，重要的是对学术本身的兴趣，而不是将学术作为敲门砖而另有所图。

十年后，他在《学术独立的真谛》(1945)一文中进一步阐述了上述观点："近代科学昌大，学术趋于专门，一个人想要学有所就，势必要穷年累月，专心致志，才能收功。但是要这样地‘好学不倦’，学者必须先于自己所择定的一门学术发生了真挚的爱好。换句话说，必须对于学术有了浓厚的兴趣，然后才能对于学术有所成就。先能学有所成，自然学有所用。”在萧公权看来，“学术的鹄的在探求真理，而其效用在造福人类”。他并非否定学术的功用，而是反对只追求眼前利益的功利主义态度。关于学术独立的基本意义，他认为“为了使得教育发生它固有的功用，我们必须把学术自身看成一个目的，而不把它看成一个工具。国家社会应当有此认识，治学求学者的本人应当有此认识。所谓学术独立，其基本意义不过就是：尊重学术，认学术具有本身的价值，不准滥用它以为达到其它目的之工具罢了”。为了避免误解，他又解释说："第一，学术独立不是要学术与社会生活隔离，而是要学术能够摆脱社会恶劣风气的影响。”“第二，学术独立不是要违抗教令，不遵法纪，放弃国民的职责，而只是要在求学的过程中划分政治和学术的界限。”特别是关于“学术”与“政治”的关系以及作为教师的责任，他认为“一个教学者应当是一个忠实于学术的学人，而不是一个戴学术面具的政客”。学术与政治具有不同的功用和规则，这是以市民自律为特征的近代市民社会的必然要求。但是，违反这种常识的事情在当时的中国却屡见不鲜、见怪不怪。萧公权对这种学术与政治界限不分的现象进行了尖锐的批判，此中流露出其强烈的职业伦理精神以及对学术独立的坚定信念。

在1947年发表的《论教育政策》一文中，萧公权对民国以来的教育政策进行了总结。他认为民国三十余年来的教育政策可以明显分为两个阶段：“从民国元年到十七年，政府所行的教育政策大体上是放任的（假定那种放任办法可以称为政策）。从民国政府成立到现在，政府所采的是训政教育或党化教育的统制政策。”对于前者，他认为“有些人滥用了这个自由，另外一些人却从自由中得到进步”。而对后者的统制政策则着重指出其“形式主义”和“党化教育”的弊端。他站在宪法的高度，认为“发展自治精神是宪法规定的一个教育目标，保障讲学自由是宪法赋予的一个人民权利。自治精神只有在学校的自动自主生活当中培养，讲学自由只能在教师自择自决条件之下存在。因此政府对于教育机关的监督应当避免干涉课程教本的内容、教员的思想以及师生的生活”。他进一步阐述教育自治的原则：“发展教育最好的方法是把地方自治的原则应用到教育机关。我们可以称之为教育自治的原则。依照这个原则，政府应该避免干涉讲学内容和学校生活。”

不管是对“为学问而学问”态度的强调，还是对以学术为工具的伪学者们的挞伐，抑或是对“党化教育”的批判及对“大学自治”的倡导，其最终目的不外乎实现真正的学术独立。这在某种程度上象征着20世纪三四十年代中国职业知识阶层的诞生，是当时独立知识分子区别于御用文人、自我认识的一个典型。

附录三　主权国家与天下大同*

“家国天下”，是否也可以倒过来说“天下国家”？家国天下前面是不是还应该有个人或“身心”问题？家和国之间还应该有共同体、社会或党派的问题？天下后面是不是还有别的东西？如康有为讲的“天游”之学——宇宙论问题。显然，家国天下涵盖的是人类社会自身的问题——人道或政道问题，刚才有老师说还有一个神学的部分在里面。神学的部分是什么？最后再说。我先谈三个问题：家的问题、国的问题、天下的问题。

《礼记·礼运》里说“大道既隐，天下为家”，中国历史上出现的所谓“家天下”现象恐怕始于夏代，也就是禹传启之后，有人说这是“儒增”后的解释，但即使是这样，

* 本文原载于《历史法学第十卷·家国天下》，法律出版社2015年版，第50—56页，略有删改。

还有一个超出“家”的理念在这里面。不过，周的家天下与秦的家天下不同，即封建天下与郡县天下的差异，秦朝实行郡县制，以前是分封制，很类似日本明治维新之前的状态，都是通过亲缘关系进行统治。这大概跟古代的历史地理环境有关，当时交通不发达，信息不流畅，只能从最亲近的人向外发展，从个人到家、到国。我注意到先秦六德的观念，圣、仁是讲父子关系，父圣子仁；君臣关系，君义臣忠；夫妇之间，夫智妇信。圣与仁这些中国古代政治上最关键的概念，如“圣人之道”或“仁政”等表述，其实都是渊源于家庭内部，是从家庭内部关系慢慢衍化过来的。不过，据日本学者研究，古籍中虽有“家人”“天下一家”等说法，但“汉家”与“刘家”“唐家”与“李家”“宋家”与“赵家”，两者内涵是不一样的，汉家的天下比刘家的天下要更高一个层次。“皇帝”与“天子”含义也不同，皇帝对其祖先神灵，天子对天地鬼神，自称“臣某”。另外，皇家内部礼法与君臣礼法也是不一样的，皇帝家宴礼法只能适用于皇族内部，不能以家宴的礼法来招待臣下，家和国在那时已经有概念或礼法上的严格区分。

从社会层面上来考虑家的问题，从《红楼梦》的世界到巴金的《家》，已经逐步消亡了。最近看季羡林先生的《牛棚杂忆》和杨绛的《我们仨》，都是小家庭了。民国时代的学者还在怀念，比如说萧公权先生就说他的成长得益于大家庭的恩惠，所以他很感激。熊十力先生晚年已经“发疯”了，不停地给中央领导写信，说中国文化已经亡了，包括中国传统的家庭关系。王国维、老舍、傅雷、陈梦家这些人之所以选择离开这个世界，我估计都有这样的文化纠结在里面。有人说现在是一个复兴的时代，还有新觉醒时代、新轴心时代等说法。我个人认为当今中国是一个反省重建的时代，国家也好，家庭也好，个人身心也好，都面临着重新打理、重新思考定位的问题，如果我们失掉这个机会，恐怕以后就没有了。

国家的部分我想主要谈两点：主权问题与权利问题。近代国家是“nation state”，这涉及主权的问题，清末的时候康有为和梁启超为什么强调“主权在国”而不是“主权在民”，我估计他们是想与孙文领导的同盟会相区别。但为什么说主权在国？从法理上讲，“nation”既可以翻译成“国家”也可以翻译成“国民”。“nationalism”一词日语译为“国民主义”，不是“民族主义”。“民族主义”这个译词非常麻烦。比如“中央民族大学”的英文不能译为“National University of China”，只能尴尬地译成“Minzu University of China”，还有《国富论》（*The Wealth of Nations*）是不是也可以译成《民富论》？如果把“nation”译为“国民”恐怕更恰当些，这样就可以说“国民主权”，而不是将“主权在民”和“主权在国”对立起来。什么是“人民主权”？什么是“国民主权”？人民主权是不是指现在活着的人，或者有选举权的人？去世的算不算人民，没有出生的算不算人民？日本宪法学家专门讨论人民主权或国民主权问题，出版几部专著，但我们没有这样专门深入的研究。1912年《中华民国临时约法》、1923年和1946年《中华民国宪法》都讲主权“属于国民全体”，1954年宪法规定“一切权力属于人民”，都是国民主权或人民主权的意思。这是主权的归属问题，中华民国也好，中华人民共和国也好，不是君主制，也不是贵族制，是共和制，大义名分上都是国民主权或人民主权，制宪权没有发生性质上的变化，既不是君主立宪，也不是贵族立宪。从中华民国宪法到中华人民共和国宪法，是“宪法的废止”，并非“宪法的废弃”，制宪权主体始终是国民或人民，而非君主或贵族。

另外，我注意到1954年宪法正文里没有出现“人民民主专政”字样，而是“人民民主国家”。1975年和1978年宪法正文里才出现“无产阶级专政”字样，1982年宪法是“人民民主专政”。什么是“专政”？英文译为“dictatorship”，日文译为“独裁”，难道说我们以宪法的形式宣称自己是一个独裁国家？这不是玩笑，而是白纸黑字写在那里，有目共睹，这与1999年宪法修正案中的“法治国家”和现在的社会主义核心价值观不符，毕竟我们不可能把“专政”“专制”或“独裁”作为核心价值观。有人用所谓宪法解释学的伎俩把“专政”解释成“民主”，但你不能把“专政”“专制”“独裁”解释成“法治”。即便是苏联、越南、古巴等社会主义国家的宪法正文中也没有出现“专政”一词，我只知道朝鲜宪法正文中出现“专政”一词。我的理解，专制（专政）与法治（立宪）相对而言，有君主立宪、贵族立宪、共和或民主立宪，也有君主专制（僭主制）、贵族专制（寡头制）、共和或民主专制（暴民政治）。民主是个好东西，但是没有法治的民主却会沦落为暴民专制，这一点托克维尔、康有为、梁启超等人早有预见，梁启超在《开明专制论》里就有“民主的专制国家”之说。民国时期的军阀政治、国民党的一党独裁，以及“文化大革命”时期的“无法无天”，都是前车之鉴。“专政”一词之所以首先出现在1975年宪法正文里，有特定的历史背景。这种仇视“法治”的思维模式是“文革”情结的延续，严重干扰中国建设社会主义法治国家的进程。法治的本质就是反对专断的权力和法律面前的平等。因为宪法要讲法律面前的平等，既然同为国民或人民，从法律上讲是不可以有任何身份歧视的，法律面前的平等或平等权是宪法的一项基本原则。中国现行宪法不仅规定“公民在法律面前一律平等”，而且强调“任何组织或者个人都不得有超越宪法和法律的特权”。相反，具有象征意义的是，1975年宪法却没有关于公民在法律面前平等的规定。我们必须把这些问题搞清楚。现在有些宪法学者的理论很成问题，一个宪法竟然出现五个根本法，所以我开玩笑说“这是五马分尸的宪法学”。他们想把英国的那个模式嫁接到中国来，而无视英国特定的政党制度和议会内阁制度，把前提抛掉，把形式拿来，将“君主在议会中”偷换成“党在大会中”。还有人突发奇想，要把党章也上升为宪法，我不知道这些人是否认真读过中国现行宪法。只可惜现在没有袁世凯那样的人物公开主张复辟帝制，否则这些人会争先恐后地组织筹安会。我们知道民主立宪国家的《政党法》或君主立宪国家的《皇室典范》固然属于宪法性法律，但从来没有听说过现代政党内部的自我规范可以取代宪法的地位，相反，这些政党内部的规范却要经得起宪法层面的司法审查。难道他们有意要把一个共和制国家和平演变成一个贵族制或寡头制国家？还是意图实现第三帝国时期的“实质法治国”，以“民族正义”为第一原则，宣称“正义就是元首的意志”，实现高度的“党政合一”，适当时期再通过一部“全权委任法”，以实现纳粹统治？他们理想中的宪法不过是1975年宪法的翻版，这是沉渣的泛起，这种党天下的宪法构想不仅1954年宪法没有，也早就被强调党政分开的1982年宪法所否决。这样的政治宪法学极其危险，不仅误人子弟，而且误国误民、亡党亡国。

关于权利问题，中国古代未必是没有权利观念。其实“right”这个词当初日文翻译的时候，有的翻译成“权理”或“权义”，“天理”的“理”，正义的“义”，还有“分际”的说法，与“权利”，利益的“利”，同时使用，但最后选择了后者。中国古代讲“分”，“天人之分”“男有分，女有归”，都有现代权利的意涵。并不是说权利这些东西都是西方的，中国人就不讲个人的利益了。

清末的时候，汤寿潜写过《宪法古义》，梁启超也有《古议院考》，他们从《尚书》《周官》《管子》等古籍中挖掘中国古代的宪法资源，认为当时人们“只知宪法为东西所已行，不知宪法为中国所固有”。今天人们往往认为这些清末精英的言论都是牵强附会，其实我觉得未必是这样，康有为在他的《官制议》里面也提到中国古代固有的宪法或行政法制度，可以和西方的概念相互印证，两者殊途同归。无论是“复兴”，还是“复辟”，权利或宪法的概念都是需要认真研究的。

再一个问题涉及中国自古至今的中央地方关系。一个是郡县，一个是封建。周代是一个典型的分封制国家，但到秦以后变成郡县制了，当然以后历代王朝也不完全是郡县制，所以才有顾炎武“寓封建之意于郡县之中”的说法。从中央与地方关系上看，整个民国是一个无法状态，军阀割据，内战频仍。1923 年有一部《中华民国宪法》，是曹锟的贿选宪法。1946 年的宪法缺乏正当性和足够的权威，因为有些党派拒绝参加制宪国民大会。没有权威的规范来保障国家秩序，军阀混战，中央和地方的关系处理不好，国家理性或国家的功能无法落实。到 30 年代日本军队进来，连抵抗外国侵略的能力都没有，最基本的国家职能都没有发挥出来。外患之后又是内战，后来又通过革命建立一套新的法统。国的部分必须考虑整个国家大法的问题，今年有意组织同道学人专门探讨“洪范皇极”，就是中国古代的政道大法问题。

下面谈天下问题。我把“天下大同”和康德的“永久和平”同等看待。现在国外学界谈论国际立宪主义或国际宪法问题，宪法不但是国内层面的，也有国际上的立宪问题。其实在19世纪末《万国公法》引入中国的时候人们已经在讨论，日本那时候也在讨论，康有为也在考虑这个问题。他的《大同书》中的《大同合国三世表》写得非常清楚，当然里面也稍微有些矛盾的地方。但有人对《大同书》中的《大同合国三世表》未必理解，例如“公政府”的概念是什么意思？其实是世界政府的意思。有些徒有虚名的学者根本不知道“公政府”是什么意思，还以为康有为在据乱世主张“有公议会，无公政府”，是在国内层面主张无政府主义。康有为的一些主张完全可以和现在的罗尔斯、哈贝马斯相提并论。康有为设想升平世的世界议会“上议员为本国之代表，下议员为世界之代表”。可以说是哈贝马斯“世界议会”设想的先声。这些中国自身国际立宪主义的思想资源有待我们重新发掘和认识。

受前面老师启发，最后我想谈一谈家国天下的神学或哲学基础问题。天下对应的是“地上”，只有天下没有地上不行。地上是什么？就是地球。对动物和植物来说是没有家国天下概念的，只有人类才有，并且是在地球上，而不是火星上。这涉及政治哲学和法哲学的根源问题，去年一个会上我尝试探讨了中国的道与德的关系问题。道有三个：天道、地道、人道，与此对应的是天德、地德、人德。人道/人德涉及人类政治生活；“地道敏树，人道敏政”，人道/人德有对地道/地德的模仿。人道、仁政、仁义之道，是中国政道之本。先王之道、圣人之道、絜矩之道，“己欲达而达人”“兴灭国，继绝世，举逸民”，你要发展，别人也要发展，共同发展，而不是损人利己、唯我独尊。“万物并育而不相害，道并行而不相悖。”个人如此，国家也是如此。

为什么后来人们把这个地道/地德不怎么讲了？据考查，这可能发生在董仲舒大谈“五行”之后。董仲舒除了讲“天人感应”“阳贵阴贱”“曲民而伸君，曲君而伸天”，还多处谈到“五行”，并有以五行取代地道的趋势，加之对《易传》“天尊地卑”的曲意阐释，地道被天道所收敛。“立天之道曰阴与阳，立地之道曰柔与刚，立人之道曰仁与义。”五行里面讲相生相克，这与地道的刚柔有内在关联。本来乾坤相互依存，天地相对而言，无天则无地，无地则无天。君民关系也是这样，无民之君，徒有其名。这样才体现出易道生生不息的精神。清华校训讲“自强不息，厚德载物”，就是天道/天德与地道/地德精神的体现。但清华毕业的校友是否真能理解“厚德载物”的地道/地德精神？地德的内涵是宽容并包，胸怀博大，不是嫉贤妒能，党同伐异。能听得进不同意见，甚至反对意见，通识教育也是追求这种境界。“厚德载物”与古典自由精神相通。以此看来，厉王弭谤、焚书坑儒固然是无德之举，“罢黜百家，独尊儒术”也是忘却地德的表现。

中国近代以来拼命地想变革、变动、革命，最后大家都找不到一个安顿的地方。为什么会出现这种局面？是不是跟我们忘了地道/地德有关？天道是不断往前推进，要不停地更新，但还有一个就是要回应天道，要承受，要继承一些好的东西，而不是说继承糟粕，所以我们政治上如果有这个地德的话，就不会没有言论自由、兼容并包，别人说什么话你都不能听进去，证明你没有地德，或者说德行不够。我们忘记了很多很好的东西，自由主义最根本的就是一种宽广和包容的胸怀，但这又不是完全失去了自己，我可以反驳你，你也可以反驳我。天意也好，神意也好，自由主义本身跟宗教也有关系。每个人都秉承了天生的东西，并不是说真理就掌握在某些圣人手里，每个人都有这样的潜质，通过讨论可以发现相对的真理，真理也是相对的真理。所以在这个层面上考虑天下国家的时候，不要忘记中国的天道、地道、人道，同时对应的是天德、地德和人德，只有把中国人很优秀的德行发挥出来，复兴才有可能。

附录四　中国方案、永久和平与国际立宪主义*

今天在座的学者中经济学界的比较多，探讨“中国方案”应该有研究国际政治或国际法的学者。中国方案与中国道路或中国模式不是同一层次的问题，如果说中国道路或中国模式关注的是中国自身的发展问题，是与东亚模式、英美模式或莱茵模式相对而言，那么中国方案关注的则是外交、国际政治或世界秩序层面上的问题，是关于全球治理的中国方案，涉及国际治理体系。如何解决如东北亚或南海争端等棘手问题？中国怎样为国际社会提供更多的公共物品？这是外交、国际政治或世界秩序问题。

---

* 本文曾发表于2016年9月25日清华大学中国与世界经济研究中心专家研讨会，2017年12月改定。

我要讲的题目是“中国方案、永久和平与国际立宪主义”，就是康德所谓“永久和平”或天下大同的意思。中国国家领导人多次言及“人类命运共同体”和“修昔底德陷阱”，新兴大国的崛起怎样才能避免世界性的军事冲突——这种冲突有大量历史先例可寻。基辛格在《世界秩序》一书中说：“任何一国都不可能单枪匹马地建立世界秩序。要建立真正的世界秩序，它的各个组成部分在保持自身价值的同时，还需要有一种全球性、结构性和法理性的文化，这就是超越任何一个地区或国家视角和理想的秩序观。”[①] 如果我们仔细阅读《世界秩序》一书，就会发现他对中国崛起的忧虑和担心，他甚至将中国的崛起与二战前德国的崛起相提并论：“在20世纪的欧洲，德国的崛起就对国际体系造成了这样的挑战，引发了两次灾难性战争，欧洲再也没有从中恢复过来。21世纪，中国的崛起也带来了类似的结构性挑战。美中两国（21世纪的主要竞争者）首脑承诺通过建立‘新型大国关系’，避免欧洲悲剧的重演，这一概念的具体内容仍有待两国共同阐明。美中（或其中一个）提出这个概念也许是一种战术策略。尽管如此，这是避免重蹈昔日历史悲剧覆辙的唯一出路。”[②] 基辛格认为要解决当今世界冲突，需要实现威斯

---

① 〔美〕亨利·基辛格：《世界秩序》，胡利平、林华、曹爱菊译，中信出版社2015年版，第489页。

② 同上书，第480—481页。

特伐利亚体系的现代化。17世纪成立的威斯特伐利亚和约体系和300年后诞生的联合国，是三十年战争和两次世界大战后人类痛定思痛的产物，虽然两者都存在缺陷，在解决国际争端实效上有负众望，但作为人类通向和平之路的里程碑，它至少给世人以启示：解决主权国家之间及其内部的矛盾冲突，战争并非终极选择。

建立在民族国家或国民国家体系之上的现代国际秩序，与古代的帝国秩序是截然不同的。但是怀揣帝国之梦的人们却对此置若罔闻。约瑟夫·奈在《软实力》一书里指出，以前美国的左派用“美帝国”这一带有贬义的称呼指代美国，现在美国的分析家却“用它解释和引导美国的外交政策”。他认为推崇“美帝国”的人“误解了美国民意和制度的潜在本质”，“有民意调查显示，美国人对这样的帝国几乎没有什么兴趣。相反，美国民众反复念叨的是，他们赞成多边主义，赞成与联合国合作共事”。[①] 约瑟夫·奈总结美国外交政策传统的四个源流：汉密尔顿派（现实主义）、杰克逊派（民粹主义）、杰斐逊派（民主追求者）、威尔逊派（理想主义者），认为近些年“威尔逊派已经分裂成两个阵营”。“传统的威尔逊派一直致力于促进民主，强调国际机构的作用。许多新保守主义者是越南战争后从民主党中分离出来的，他们强调民主的重要性，但

① 参见〔美〕约瑟夫·奈：《软实力》，马娟娟译，中信出版社2013年版，第182—186页。

丢弃了威尔逊对国际机构的重视。他们不想被这些机构束缚住手脚，认为只要专注于民主就具有合法性。因此，新保守主义者是软实力的拥护者，但他们只顾本质不重视过程。他们贬低别人在商讨机制的过程中所产生的合法性，因此损害了自身的软实力。”① 伍德罗·威尔逊总统当初提出十四点设想，并在此基础上提出关于国际秩序的“美国方案”，构建国际联合以及后来的联合国。尽管现在联合国组织本身还有诸多缺陷，但其设想本身无疑体现了一种国际立宪主义的精神。

什么是国际立宪主义？现在国外已经有很多研究，但是我们国内却很少有人关心这一问题。国际立宪主义这个概念有多种表述，又称国际法的立宪化和国际关系的立宪化，其宗旨在于以法律的形式规范国际社会中存在的主权滥用行为，保障全球范围内的主权和人权，维护世界和平秩序。200年前康德的《永久和平论》已经触及这一问题。这种国际立宪主义的理念，通过20世纪上半叶威尔逊十四点的表述以及国际联盟和联合国的构建逐步制度化，并且集中体现在《联合国宪章》（1945）和《世界人权宣言》（1948）当中。国内学界对“国际立宪主义”这一概念还很生疏，笔者目前未见有国内学者专门研究，仅

① 〔美〕约瑟夫·奈：《软实力》，马娟娟译，中信出版社2013年版，第189—190页。

见一篇国外学者论文译文[①]，此外就没有看到涉及国际立宪主义的中文文献，但在德国、美国、日本，都有相应的著作出版。这说明在国际政治或国际公法方面，中国学界对国际前沿问题关注不够。

德国学者哈贝马斯关于“从国际共同体到世界主义共同体”的论述明显带有国际立宪主义的色彩：“联合国应该作为一个由国家和公民组成的宪政共同体进行重新组织，同时要把核心功能限定在保障和平与实施全球人权政策上。”他对“世界议会”的设想可以看作是对《联合国宪章》（1945）第四章“大会”的重新思考：“世界议会由国家和公民组成，它会考虑到关乎公平的时间因素。就像今天在欧盟已经发生的那样，在世界共同体中（即使是在未来），两个制宪主体的公正视角在生活水平的实际趋同方面相互接近，这种趋同也是政治意愿之所在。这两个

① Armin. von. Bogdandy：《国际法中的立宪主义：评德国的一个建议》，柳磊译，陈喜峰校，《国际经济法学刊》第15卷（2008年第2期）。以下著述涉及国际立宪主义：Nicholas Tsagourias（ed.）, *Transnational constitutionalism: International and European Models*, New York: Cambridge University Press, 2007; Jeffrey L. Dunoff, Joel P. Trachtman（ed.）, *Ruling the World? : Constitutionalism, International Law, and Global Governance*, New York: Cambridge University Press, 2009; Jan Klabbers, Anne Peters and Geir Ulfstein（ed.）, *The Constitutionalization of International Law*, New York: Oxford University Press, 2009; Christine E. J. Schwöbel（ed.）, *Global Constitutionalism in International Legal Perspective*, Boston: Martinus Nijhoff Publishers, 2011；最上敏樹：『国際立憲主義の時代』，岩波書店，2007年；篠田英朗：『「国家主権」という思想：国際立憲主義への軌跡』，勁草書房，2012年。

制宪主体的视角一个是世界公民的平均主义标准；另一个是成员国根据发展情况而区别对待的保守标准。”[1]哈贝马斯构想了两个制宪主体：一个代表国家，一个代表世界公民。

中国人对国际立宪主义的系统思考在康有为的《大同书》乙部“去国界合大地”中有清楚的表述，这种表述不只停留在理念层面，而是深入到法律制度的方方面面。康氏认为“联合邦国之体有三”，当顺应“时势之自然”，不可“一时强合”：“有各国平等联盟之体，有各联邦自行内治而大政统一于大政府之体，有消除邦国之号域，各建自立州郡而统一于公政府之体。凡此三体，皆因时势之自然以为推迁，而不能一时强合者也。”他以据乱世之制、升平世之制、太平世之制分别阐述“联盟”“联邦”“合一”这三种“合国”形态，并分析“联邦合一”之困难及逐步实现之可能，可谓中国版的“现实乌托邦”。书中所载的《大同合国三世表》殚精竭虑，内容宏富，排列周详，循序渐进，完全可以作为测度人类通向大同世界不同时期的坐标。比如《大同合国三世表》中的“大同渐行之升平世”关于“议院”就有这样的设想：“上议院由政府，下议院由公举，官吏人民各半。”“上议员为本国之代表，下议员为世界之代表。”可谓哈贝马斯“世界议会”设想之先

① 参见〔德〕尤尔根·哈贝马斯：《关于欧洲宪法的思考》，伍慧萍、朱苗苗译，上海人民出版社2013年版。

声。很多学者因为不能理解《大同书》的宗旨，往往臆断妄说，盲人摸象，各执一端，其实其中很重要的内容涉及国际秩序问题。

除了康有为，还有萧公权——民国时期中国政治学界的代表人物，曾任教于清华政治学系，是民国时期中央研究院第一届院士，他也有关于国际组织的构想。1943年元旦，萧公权在成都《中央日报》上发表《和平奠基之年》一文，对战后的国际组织从九个方面进行了设想：（一）世界文明国应全体参加，不能例外。（二）参加之国应视为永久分子，不能有退出之权利。不遵公约强行退出之国应视作法律所不保护，随时加以严惩。（三）国际组织中之决议机关应具有一定限度内真性之立法权，一切议案应以多数表决为原则，不必求全球之一致。（四）国际组织中应有一执行机关以监督及执行一切国际法案。其权限不必严定而必须强健有力，执行机关指挥之下应设一国际宪章之组织以为执行之监督及惩戒之责。（五）原有之国际法庭应增强力量以为国际之司法机关。（六）国际组织中平等之原则应始终维持。为调剂地理及事实上之差异起见，全世界组织之下应设分区之组织。（七）各国不得在国际组织外别设有违合作精神或有伤国际利益之任何联盟任何条约，一切条约必须经国际组织之认可或备案方为合法有效。（八）国际公法或公约中应明文禁止使用武力为解决争执或取得利益之手段。自卫之军事行动应请由国际组织加以核准予以援助。(九)弱小后进民族需要扶助者,分区组织中之行政机关应负直接辅导之责任。以往一国单独管辖之委任统治制度应予废止。萧公权还就中国对世界和平的贡献留下英文著述《中国对世界和平的贡献》[①],将中国传统思想中的“仁爱”“贵民”“王道”的理想与西方传统思想中的“博爱”“民主”“普遍和平”的观念相比较,期待中国对世界和平有所贡献。

康有为和萧公权的世界秩序构想可谓20世纪前半叶的“中国方案”。中国对永久和平或天下大同的期许有深厚的本土资源。“己所不欲,勿施于人”(《论语·卫灵公》);“己欲立而立人,己欲达而达人”(《论语·雍也》)。自己要发展,别人也要发展,损人利己不是仁道政治,一国之内如此,国家之间也如此。“谨权量,审法度,修废官,四方之政行焉。兴灭国,继绝世,举逸民,天下之民归心焉。”(《论语·尧曰》)政治上的审慎、法治政府、责任政府是内政所需;扶危持颠、公道正义是国际社会的人道之举。“克明俊德,以亲九族。九族既睦,平章百姓,百姓昭明,协和万邦。”(《尚书·尧典》)和睦和谐不仅是一国之内国民的追求,也是人类社会共同的目标。春秋公羊学所谓“内其国而外诸夏”只是“所传闻世”(据乱世)的

① Kung-chuan Hsiao, *China's Contribution to World Peace*, China Institute of Pacific Relations Chungking, China, 1945.

国际社会观，这种本国利益至上的狭隘爱国主义是天下秩序的最低形态；更高层次的"内诸夏而外夷狄"有文明程度上的夷夏之分，也只是"所闻世"（升平世）的天下秩序观，而"至所见之世著治太平，而夷狄进至于爵，天下远近小大若一"，才是天下秩序的最高形态，也就是康德所谓人类的"永久和平"。中国古代的世界（天下）秩序观是循序渐进、不断提升的发展过程，绝非某些论者所理解的所谓朝贡体系或中华意识。

中国方案应当广泛吸收中国文化与世界文化自古以来的优秀传统，慎思明辨，剔除不利于人类和平发展的负面因素，提出人类共同发展的目标与理念。关于人类社会的发展理念，中国古代的"五福"观念对纠正世界范围内以 GDP 为导向的发展观念或许有所启示。《尚书·洪范》言及"五福"和"六极"观念："五福：一曰寿，二曰富，三曰康宁，四曰攸好德，五曰考终命。六极：一曰凶、短、折，二曰疾，三曰忧，四曰贫，五曰恶，六曰弱。"这种"五福"观念体现出华夏先贤深思熟虑的幸福观，可以与当今联合国人类发展指数相提并论，这里蕴含着现代人权之生存权、财产权、自由权、社会权等文化基因和以民众幸福为导向的政道精神。

中国梦应该落实到每个国民对"五福"的切实感受之上。巴基斯坦经济学家贡献了"人类社会发展指数"这个重要指标，以此测度每个国家人类发展综合水准。其实中国古代“五福”思想已经有类似于这种人类社会发展指数的要素，不是以GDP为导向的，不仅不是“国富民强”的问题，也不仅是“民富国强”或“藏富于民”的问题。五福：长寿、富贵、康宁、好德、善终，涵括生命、财富、健康、安宁、德性、善始善终等价值理念，这是中国古人对幸福的体认。中国如果能对世界和平和人类社会有所贡献，自身的这些知识资源还有待深入发掘。“历史的终结”催生了“文明的冲突”，世界性的金融危机挑战世界秩序的有效治理。人类社会呼唤来自中国的政治智慧。

后　记

中国政治思想或政治哲学的研究，有别于中国传统经史研究，始于20世纪20年代，梁启超《先秦政治思想史》（1923）、萧公权《中国政治思想史》（1945）为其代表性著作。这些研究成果对反思中国传统政治文化、沟通中西政治思想贡献良多，其学术价值有待今人重新体认。不过，这些奠基之作多以时代人物的政治思想为研究对象，对政治思想与政治哲学的差异还没有明确自觉，对《易经》《尚书》《诗经》《春秋》《周官》等经学文献中所蕴含的政治理念与政治哲学有待深入挖掘、整理和建构。有学者甚至讥评这些研究为"无头"哲学，虽说言辞激烈、近于苛责，但也不乏发人深省之处。如果说政治哲学"旨在了解政治事物的本性以及正当的或好的政治秩序"（施特劳斯语），那么政治哲学的主要目的应当重在挖掘、探寻乃至创新熔铸贯穿人类历史和未来的政治理念和制度，而不能停留在对各种政治思想特征的总结和归纳上。从这一角度出发，中国古典政治哲学恰如希腊政治哲学一样，同样构成人类政治文明的重要组成部分，两者并驾齐驱，难分轩轾。相对于西方政治哲学的“城邦与政体”“正义与至善”“两剑论”“君权神授”以及自然自由（或权利）、自然法、契约论、法治与民主、世界帝国与永久和平等核心价值与问题意识，中国古典政治哲学也曾有过“三极之道”“王道与霸道”“春秋微言大义”“仁道”“中庸之道”“絜矩之道”“洪范皇极”“治法治人”“小康大同”等涉及政道与治道的核心价值与问题意识。今日西方世界以希腊、罗马和《旧约》《新约》为代表的理性精神与原罪意识正在接受现代性危机的严峻拷问，以世界眼光重新审视中国古典政治思想或政治哲学中的政治理念、制度渊源及其体系结构，不仅是对中国古代政治智慧的重新认识与甄别弘扬，也是对人类过去、现在与未来的政治理念和制度体系的总体反思及展望。

中国古代典籍浩如烟海，散存其中的政治思想或政治哲学各有传承，门户各异，对今人研究构成重重障碍。虽然古今中外学人前赴后继，慎思明辨，但因时代及禀赋所限，其中甘苦冷暖各代学人自有体会。笔者有意以构成中国古典政治文明根基的经典文献及其诠释文本为主要研究对象，探寻中国政道之源，并与西方政治思想或政治哲学相比较，致力发掘、梳理、建构、彰显中国古典政治思想或政治哲学的根本理念、体系结构及其现代意义。中国政治文明的复兴有赖于当代学人对东西方政治智慧的探赜索隐、慎思明辨、综合创新，而不是先入为主的全盘西化或中体西用，如此才能趋近中国古代先贤所追求的“智周万物，道济天下”的理想境界。本书所收文字围绕中国古典政治思想或政治哲学展开，重新发掘了《尚书》中蕴含的政道精神、“三才之道”的内涵以及“道”与“德”之关系，针对“天人合一”说，提出“天地人合一”的命题，认为自董仲舒倡导“天人感应”“阳尊阴卑”“五行之义”以及“王道之三纲”等观念以后，后人对其学说断章取义，多有误解，天道 / 天德、人道 / 人德、地道 / 地德共同构成的三才观念与政道之间的深层关系若存若亡，“天道敏生，人道敏政，地道敏树”之深意少人领会，由此造成中国古典政治思想或政治哲学的萎缩和断裂，仁道、王道、中庸之道、絜矩之道等核心政治价值埋没日久，易之天道（乾德）“自强不息”因为遗失地道（坤德）之“厚德载物”，难以达至“高明博厚”之境地，由此加剧了政治上的王权专断、异姓革命、党同伐异、文字之狱等天地人无法和谐相处之局面。上述研究涉及中国的“政道”存续、法治的本土资源、中国古典政治思想或政治哲学中的规则意识、责任政府观念、司法权问题、洪范皇极的深层意义，以及“民惟邦本”“好生之德”等观念的宪法意涵、大同小康的现代意义，等等。笔者认为身处新轴心时代或新觉醒时代的中国，极其需要并且有可能以世界的眼光，运用比较政治思想或政治哲学的方法，重新发掘和整理中国古典政治思想或政治哲学中埋没已久的价值体系与制度结构，取其精华，去其糟粕，熔铸贯通，贡献于中国与世界。

笔者有幸于25年前在异国他乡问学期间结识学界前辈成中英先生，其后时有往来，多蒙教示，受益良多。几年前在校方支持下曾邀请成先生在北京大学开设中国政治哲学专题讲座；今有幸承蒙商务印书馆同人襄助共同策划“中国政治思想研究丛书”，因缘际会，感触良多。成先生认为中国政治思想或政治哲学蕴含丰富的自然人性根基、道德内涵以及发展转化潜力，是探讨人类政治思想、政治哲学和政治智慧的重要资源。中国政治思想或政治哲学的研究是对中国政治文明及其价值目标的反思，关系到如何在世界政治文明史上确立中国政治文明的历史地位。关于方法论问题，成先生在王国维、陈寅恪等人主张的“二重证据法”基础上提出了“三重证据法”，即在历史文本提供的证据与考古文物显示的证据之外，通过自觉的哲学思考，引发观点与价值，建立规范与理想，呈现人类个别与集体的智慧。笔者认为成先生的“三重证据法”及其“本体诠释学”具有重要的理论价值和方法论启迪，以此思路和方法对中国古代典籍进行系统研究，会有更多新的发现和创获。本书所收大部分文字多是在成先生邀请推荐下出席学术会议的研究报告，今拾掇一处，增删订正，以为纪念。感谢成先生使笔者有机会将平时零散的所思所悟行诸文字，也冀望学界师友不吝指正。中国政治思想与政治哲学高明博厚，取之不尽，用之不竭，笔者管窥蠡测，抛砖引玉，希望得到更多学界同人的理解和支持，正本清源，为往圣继绝学，为天下开太平。

张允起

戊戌清明于中关园